Alexander Teetz

ICH LEBE MEINEN TRAUM
BERUF ALS BERUFUNG

Teetz, Alexander: Beruf als Berufung
Zweite, überarbeitete Ausgabe, Hamburg, 2010

Ein Titeldatensatz für diese Publikation ist bei der
Deutschen Nationalbibliothek erhältlich

Umschlaggestaltung: www.andreakelb.de

Herstellung: www.1-2-buch.de

ISBN 3-981-1098-0-5

Ich widme dieses Buch speziell
meiner lieben Frau Kim,
unserem Sohn Jason,
meinen Eltern
und allen anderen,
die mich auf meinem Weg unterstützt haben.

Erstausgabe 2006
Zweite, überarbeitete Fassung 2010

Der Autor:

Alexander Teetz, Jahrgang 1959 (Schütze), ist Coach, Consultant, Trainer und Autor. Als freier Dozent ist er regelmäßig an verschiedenen Instituten der Jugend-und Erwachsenenbildung tätig. Er ist verheiratet mit der Choreographin Kim Moke und lebt mit Frau und Sohn Jason in Hamburg.

„Alex." berät und unterstützt Institutionen und Individuen in beruflichen Situationen und im Privatleben dabei, eigene Qualitäten und Bedürfnisse zu erkennen, individuelle Stärken zu nutzen, Selbstehrlichkeit und Kommunikationsfähigkeit sowie ihre persönliche Handlungskompetenz zu erhöhen.

Im Jahre 1995 gründete er das Beratungsunternehmen **RARE WARE** *Life Management*. Hier beschäftigt er sich speziell mit dem Thema Mensch, Gesellschaft und Umwelt. Er versteht sich als Promotor und Katalysator – als „Motivational Speaker" – der Menschen unterhaltsam informiert und, orientiert am Prinzip des „Empowerment" – der individuellen Ermächtigung – inspiriert, aktiv das beste für sich zu tun um auf der Basis von Freude, Liebe und Achtung produktiv und authentisch auch zur Verbesserung einer allgemeinen Lebensqualität beizutragen.

Inhalt

Lieber Leser,

mein „Buchgestaltungsberater“ hat mir empfohlen, diese Seite bestenfalls hinter das Vorwort zu stellen, da der Text etwas gestelzt ist und den Interessierten bezüglich des weiteren Inhalts verwirren könnte. Da hat er Recht. Aber ich kann nicht anders! Also bitte nicht verwirren lassen. Notfalls einfach überblättern. Im Buch geht's bodenständiger zu.
Die folgende Information habe ich 1996 nach Recherchen als Corporate Identity-Bestandteil für einen Hamburger Verlag entwickelt, in dem ich Vertriebsleiter war. Denen war das zu anspruchsvoll. Ich war verblüfft und habe mir geschworen, sie als erstes in jedes meiner Bücher zu nehmen. Die Persiflage zum Pflichtaufdruck auf Zigarettenschachteln wünsche ich mir außerdem auf allen Video-Medien:

Wissen und Bildung,

das hat die Hirnforschung ergeben, entstehen durch referenzielle Informationsverarbeitung, das heißt durch Strukturierung von Informationen und Urteilbildung.
Lesen ist ein referenzieller Vorgang. Geübte Leser verfügen über ein Gerüst, das referenzielle Informationsverarbeitung und somit die Aneignung emotionaler und intellektueller Fähigkeiten wie Abstraktionsfähigkeit, Sprachbeherrschung, Phantasietätigkeit und Kreativität ermöglicht. Aufgrund seiner Bedeutung für die Entwicklung von Strukturierungs- und Abstraktionsfähigkeit ist Lesen die kulturelle Basistechnik zur kompetenten Nutzung aller Medien. Lesen ist die Grundlage für eine individuelle Qualifikation. Sprach- und Lesefähigkeit sind notwendige Voraussetzungen für die aktive Teilnahme am Leben in modernen, komplexen Gesellschaften. Die empirische Sozialforschung hat nachgewiesen, dass Leser über ein besonderes Maß an Persönlichkeitsstärke und sozialer Kompetenz verfügen. Sie sind sicherer im Urteil und ausdauernder im Handeln als Nichtleser. Leseförderung liegt also im Interesse des demokratischen Gedankens!

DER AT – GESUNDHEITSMINISTER:

**LESEN GEFÄHRDET DEN SENILITÄTSPROZESS
WER DAS LESEN AUFGIBT, VERRINGERT
DAS RISIKO KOMPLEXER DENKPROZESSE**

Alex. Teetz

Vorwort

Jeder Mensch hat eine ganz individuelle Qualität – sein persönliches Potenzial zu nachhaltigem Lebensglück! Jeder, egal ob „arm" oder „reich", „schlau" oder „dumm", sucht irgendwann nach einer Beschäftigung mit Sinn und Tiefe als essentiellen Bestandteil eines glücklichen und erfüllten Lebens. Dieses Wissen ist die Basis zu diesem Buch!

Leider sind aber nur wenige Menschen bei der Suche danach erfolgreich, weil viele sich bereits bei der Wahl ihres Berufes von vermeintlich rationalen, materiellen Motiven leiten und verwirren lassen. Sie unterdrücken ihre Instinkte, früh erworbene Fähigkeiten und Talente, geraten so leicht in ein Rollenverhalten welches sie von ihrer Berufung – denn daher kommt ja eigentlich der Begriff „Beruf" – und einem erfüllten Leben, entfernt. Das Resultat: Unglückliche Menschen treffen unglückliche Entscheidungen – in beruflichen und privaten Situationen – für sich und andere. Das beeinflusst auch die weltweite Lebensqualität negativ!

Irgendwann habe ich mal angefangen, bewusst über das Leben im allgemeinen, über mein Leben und über die Leben fast aller anderen Menschen die ich kenne oder über die ich irgendwie, irgendwo und irgendwann mal irgend etwas gehört habe, nachzudenken. Ich konnte nicht anders, die Menschen interessierten mich einfach und da ich als Kind keine ernsthaften Probleme hatte, ich aber mit zunehmendem Alter mitkriegte, wie viel Probleme die Menschen anscheinend insgesamt hatten, musste ich mich einfach damit beschäftigen. Ich glaube, es fing mit 16 Jahren im Philosophie-Unterricht an und meine Aufmerksamkeit wurde sicherlich dadurch gefördert, dass unsere Lehrerin attraktiv war und gut roch. Außerdem hatte ich später eine sehr gute Deutsch-Leistungskurs

Lehrerin, die es darüber hinaus immer wieder verstand, unsere Sinne für alle möglichen kommunikativen und sonstigen sozialen Aspekte anhand verschiedenster Literatur zu schärfen. In dieser Zeit wurde ich auch zum ersten Mal mit dem „kategorischen Imperativ" konfrontiert, den ich mittlerweile zum Bestandteil meiner Lebensphilosophie gemacht habe und an dem sich alle angestrebten Werte und Ziele in diesem Buch orientieren:

„Handle so, dass die Maxime Deines Willens jederzeit zugleich als Prinzip einer allgemeinen Gesetzgebung gelten können."

(Immanuel Kant, dt. Philosoph, 1724 – 1804)

Es gibt ja so viele Menschen, sie sind so schön dicht um uns herum, werden immer mehr und ich bin einer von denen, die – wenn sie sich denn mal für ein Thema interessieren – alles ganz genau wissen und nur das glauben wollen, was sie selbst logisch im Detail nachvollziehen können. Ich fing also an, nach Erkenntnis zu suchen und je mehr ich suchte, desto mehr fand ich. Je mehr ich verglichen habe, desto mehr Parallelen konnte ich erkennen. Dabei stellte ich eben auch fest, dass alle Menschen nach Sinn und Erfüllung in ihrem Leben suchen um ein langfristig befriedigendes Selbstwertgefühl als Basis echter Lebensfreude entwickeln zu können. Das Verlangen danach wird mit zunehmendem Bewusstseinsprozess und steigender Lebenserfahrung größer und oft bewirkt irgendein traumatisches Erlebnis im Leben eines Menschen einen besonderen Drang nach Erkenntnis und Erfüllung. Trotzdem verfügen nur sehr wenige Menschen über die Mechanismen und die Kraft, die erforderlichen Schritte in diese Richtung zu tun, obwohl das Potential dafür durchaus vorhanden ist. Nur ein geringer Prozentsatz der Menschen schafft es, langfristiges Lebensglück zu erfahren. Meistens sind es diejenigen, die von vorne herein ihre eigenen Wege gehen, eigene Ziele kreieren, bei sich selbst nach Lösungen suchen und sich auf ihre individuellen Stärken und auf allgemein gültige Basiswerte konzentrieren. Dazu gehören die Fähigkeit zur nüchternen Selbst-Beobachtung, der „Introspektion“, in Verbindung mit größtmöglicher Selbstehrlichkeit, aber auch Ausdauer, Beharrlichkeit und vor allem auch Selbstdisziplin. Für die meisten von uns ein schwieriges Thema, ohne Anstoß oder Unterstützung von außen. Nicht umsonst heißt es in einem alten Sprichwort „Selbsterkenntnis ist der erste Schritt zur Besserung“!

Ich hatte das Glück, diese Erkenntnis ganz bewusst im Alter von fast 35 Jahren bei einem geführten Klärungsprozess im Rahmen eines öffentlichen Workshops, zu dem mich meine jüngere Schwester überredete, gewinnen zu dürfen. Mir wurde endlich klar, was ich mit meinen im Leben erworbenen Qualitäten machen musste, um langfristiges Glück zu erfahren, denn alle Zutaten dazu schlummerten bereits in mir. Sie mussten nur geweckt und einmal geordnet werden. Denn obwohl ich zu dem Zeitpunkt geschäftsführender Gesellschafter einer Designmöbel GmbH war und ein angenehmes Leben führte, fehlte mir irgend etwas, was ich bis dahin nicht verbal beschreiben konnte. Mein damaliger Beruf bot mir nämlich einfach nicht die Basis, meine Qualitäten und meine Ansprüche an mein Leben voll zu entfalten. Aus dieser damaligen Schlüssel-Erfahrung eines Wochenendes entstand dann das Konzept meines heutigen RARE WARE Life Management. Plötzlich folgte eine Erkenntnis der anderen, wie eine Blüte, die sich öffnet und immer schöner wird. „RARE WARE“, ein ursprünglich als international einfach zu verstehendes Synonym von mir kreiert und zu dem Zeitpunkt bereits mehrere Jahre in meinem Kopf präsent, ist der Mensch als kostbare Ware, als wertvolles Individuum. Das „Life Management“ ist die kluge Handhabung unseres Lebens – so wie ein guter Manager seinem Unternehmen zu einem langen und erfolgreichen Leben verhilft.

Genau das ist meine Aufgabe! Mir war klar geworden: Ich will an der Verbesserung der Lebensqualität aller Lebewesen mitwirken indem ich Zeichen setze, Wege aufzeige, vorlebe und Menschen animiere, an sich zu glauben und ihren ganz individuellen Weg auf der Basis allgemein gültiger menschlicher Werte zu gehen – ihrer Berufung zu folgen. Ich weiß, dass das möglich ist, weil ich es selbst so erlebe. Ich habe mein ganzes Leben gelernt, positiv und liebevoll zu denken, denn bereits meine kindlichen Träume und Phantasien wurden stets gefördert und unterstützt. Ich wurde von meinen Eltern geliebt und habe erfahren dürfen: Was wir denken können, können wir auch erreichen. Alles ist grundsätzlich möglich!

Dieses Buch, entstanden aus meiner persönlichen Lebenserfahrung, auf der Suche nach meiner Berufung im Umgang mit Menschen aller Altersgruppen und aus meiner jetzigen Arbeit, ist nur ein Mittel auf dem Weg dorthin. Es richtet sich an alle, die mehr aus ihrem Leben und unserer Welt machen wollen, die noch Träume haben und bereit sind, bei sich selbst anzufangen um so die Basis für eine allgemeine Verbesserung der Lebensqualität auf der Erde zu legen. Die Inhalte ermöglichen allen Altersgruppen einen Einstieg in eine andere, spirituellere, also weniger materielle Sichtweise von Arbeit, Beruf und auf das, was persönlichen Erfolg ausmacht. Die verwendeten Übungen bilden ein universelles Grundschema zur persönlichen Entwicklung auf diesem Weg. Sie sind besonders wirkungsvoll für junge, unabhängige Menschen vor dem Einstieg ins Berufsleben und für alle Menschen, die einen Willen zur Veränderung in sich spüren – egal welchen Alters. Der Zeitpunkt ist immer richtig!

1) Menschen und Arbeit

Der Beruf, die Arbeit, der Job – wie immer wir es nennen mögen – gehört nun mal bei den meisten von uns ab irgend einem Alter dazu und beeinflusst unser Leben doch in erheblichem Maße. Wie weit, das hängt von jedem selbst ab, aber wir – und nur wir – können auch erheblich dazu beitragen, was wir aus unserem Leben machen und wie weit wir uns in unserer Lebensführung beeinflussen lassen wollen. Im Endeffekt werden wir feststellen, egal ob wir das nun Beruf nennen oder Hobby, Sport, Wohltätigkeit, Kunst oder Freizeit. Wir suchen alle nach dieser einen Berufung, dem „Purpose of Life", wie es im englischen so schön heißt. Dem Zweck unseres Lebens dem wir, auch im Sinne des Gemeinwohls, dienen sollen und wollen damit unser Leben für uns lebenswert ist.

Je eher wir uns mit dem, was denn das sein könnte, beschäftigen, desto eher und mehr Erfüllung werden wir im Leben erfahren. Natürlich gehören zu einem erfüllten Leben mehr Komponenten als nur eine befriedigende Beschäftigung. Aber dieser, wie auch immer geartete, Beruf im herkömmlichen Sinne ist eine sehr wichtige Komponente und je mehr er zur Berufung wird, desto intensiver erfahren wir Lebensfreude und Leidenschaft!

Die meisten von uns wachsen ja irgendwie zu Beginn ihres Lebens in einer mehr oder weniger materiell sorglosen Kindheit auf und erfahren erst in einem bestimmten Alter bewusst, dass das, was sie als ausreichend empfunden haben, den Ansprüchen anderer gar nicht genügt. So entwickeln wir eben auch Ansprüche, die wir ohne vergleichbare Komponenten nie gehabt hätten. Sobald wir uns aber mit anderen vergleichen, hört die Zufriedenheit bei den meisten auf und die offensichtlichsten Vergleichswerte sind die sichtbaren. Es geht bereits im Kindergarten, spätestens aber in der Schule mit der individuellen Ausstattung los, weil unsere Gesellschaft, oberflächlich betrachtet, eben sehr materiell ausgerichtet ist. Haben wir Glück, können unsere Eltern mithalten und alles notwendige finanzieren, haben wir Pech, erleben wir oder gegebenenfalls zunächst unsere Eltern ersten Frust in diesem Vergleich. Zumindest erfahren wir hier eine erste Kategorisierung des Lebens in materielle Wertigkeiten, welche später meist zunimmt, je älter wir werden. Besonders extrem kann das im Alter zwischen ungefähr zehn und fünfzig Jahren auftreten, wenn wir von unserer Umgebung immer stärker an unserem materiellen Wert gemessen werden. Zum Beispiel dem Wert als Arbeitskraft in einem Unternehmen. Sind wir kein mit materiellem Überfluss bedachter Erbe, der seine Lebensfindung weitgehend aus wohlgestopften Töpfen finanzieren kann (oft übrigens die unbefriedigendste Form), entsteht daraus zwangsweise die Erkenntnis, dass wir, wenn wir einen gewissen Lebensstil leben wollen, uns diese Qualität früher oder später selbst, entweder als Erfüllungsgehilfe eines Unternehmers auf dessen Weg zur persönlichen Erfüllung oder selbst als Unternehmer im Unternehmen Leben finanzieren müssen.

So bekommt der Beruf diesen wichtigen Einfluss auf unser Leben, weil wir häufig eben in erster Linie versuchen, damit unser vermeintlich persönliches, konsumorientiertes Glück zu finanzieren. Weil wir, oft aus mangelnder Lebenserfahrung heraus, das Glück an den falschen Stellen suchen beziehungsweise Glück mit den falschen Mitteln herbeiführen wollen. Dabei entsteht dieses gesuchte Glück aber nur dann, wenn wir tun was uns langfristig Spaß macht und inhaltlich befriedigt, uns Perspektiven über materielles Konsumieren und frustrierendes Vergleichen hinaus bietet. Spätestens dann werden die materiellen Umstände zweitrangig. Das Erkennen eines sinnvollen Lebensziels, die Sicherheit der Entscheidung dafür und das bewusste Genießen auf dem Weg dahin sind die aufregenden Zutaten, die unserem Leben Würze geben und Lebensfreude ermöglichen.

Umfragen zeigen immer wieder, das höchstens ein Drittel der Beschäftigen Spaß an ihrer Tätigkeit haben. Viele haben sich sogar innerlich lange von ihrer Tätigkeit abgewendet, weil sie überhaupt keine Freude an ihrem Job haben und ihn nur aus finanziellen Gründen beibehalten – zur Finanzierung ihres kleinen Fetzen Restlebens außerhalb der Arbeitszeit. Jeder fünfte Angestellte und jeder vierte Arbeiter scheidet heute vorzeitig aus dem „Erwerbsleben" – nomen est omen – aus. Bei fast neunzig Prozent dieser Menschen liegt eine „Berufsunfähigkeit aufgrund einer Erkrankung" vor. Nur ungefähr 10 Prozent scheiden durch Unfälle vorzeitig aus. Der Rest, also ungefähr ein Fünftel aller Arbeitnehmer – das sind diejenigen, die für andere arbeiten – erkrankt so durch den Beruf, dass dieser oder auch oft ein anderer Beruf „nicht mehr ausgeübt werden kann". Diese Menschen sind kaputt! Ist es eventuell möglich, dass Menschen falsche Berufe wählen, Berufe, die sie krank machen? Ja!

Das Traurige: es werden immer mehr, weil die Welt immer materieller wird. Oftmals wählen Menschen einen Beruf bereits nur aufgrund finanzieller Gegebenheiten: „Da kann man gut verdienen!", „da habe ich einen sicheren Arbeitsplatz", abgesehen von den Fällen Dein Vater war ... , Dein Großvater war ..., also wirst Du auch ... !". So oder ähnlich sind enorm viele Menschen zu irgendeiner bezahlten Tätigkeit, teils mit weitreichender Entscheidungsbefugnis, gekommen. Das hat enorme Folgen und kann der Beginn einer langen Phase innerer Unzufriedenheit, der Bildung und Weiterverbreitung negativer Energien und entsprechenden Folgeerscheinungen sein. Leider werden solche Fehlentscheidungen meist erst dann hinterfragt, wenn sie mit zunehmendem Misserfolg verbunden sind oder im Extremfall sogar zum Ausbruch einer lebensbedrohlichen Krankheit führen.

Wir kennen von unseren Vorfahren noch vielfach das Bild des lebenslangen Arbeitsplatzes in einer Firma oder zumindest in einem klar abgegrenzten Tätigkeitsfeld in einer Branche. Auch wenn das vielleicht mal mit einem Firmenwechsel verbunden war um Aufstiegschancen wahrzunehmen oder wenn mal ein Unternehmen zumachte. Ein häufiger Wechsel des Arbeitsplatzes oder gar ein Branchenwechsel im Leben der uns umgebenden Erwachsenen war eher der seltenere Fall. Aber die Arbeitssituationen ändern sich immer schneller, wir brauchen uns nur einmal die letzten drei Jahre unserer persönlichen Arbeitssituation vor Augen führen. Wenn wir das bisher nicht so wahrgenommen haben, liegt das auch daran, dass die meisten Menschen sich solange wie möglich an das klammern was sie als gut, also einfach kennen gelernt haben. Der Mensch hat das ausgeprägte Verlangen, so lange wie möglich einer Sache zu folgen und an ihr festzuhalten, ohne sie in Frage zu stellen, bis das Leben uns unmissverständlich darauf hinweist, dass wir etwas falsch machen. Der Mensch ist ein „Gewohnheitstier". Wir kennen das alle in irgendeinem Zusammenhang von uns selbst. Wir tun deshalb gut daran, unserer Bequemlichkeit in bewussten Momenten entgegenzuwirken, uns Informationen aus mehreren Quellen zu besorgen und einfach auch darauf zu hören und zu analysieren, was wir selbst erleben, was unser Bauch uns rät. Denn der Bauch ist oft der beste Ratgeber. Therapeuten und Wissenschaftler sprechen auch gerne vom „Bauchhirn"!

Nur weil andere älter sind als wir oder mehr Geld haben, bedeutet das noch lange nicht, dass sie auch schlauer sind oder bessere Lebenskonzepte haben. Es ist immer gut zu hören was andere zu sagen haben, aber unsere Meinung sollten wir uns schon anhand verschiedener Situationen und eigener Erfahrungen bilden.

Wenn wir unsere berufliche Zukunft als Teil unseres Lebens und dem, was wir wirklich vom Leben erwarten wenn wir schon alles Geld dieser Erde verdient hätten, planen. Wenn wir erkennen, was wir den Menschen auf unsere ganz besondere Art und Weise und mit Freude geben können ohne uns zu verstellen und was unser Erlebnis daraus sein könnte, dann sind wir plötzlich ganz weit weg von Arbeitsplatzmangel, Urlaubsplänen, Konkurrenzdenken, Sozialneid und Rentenalter. Dann können wir endlich anfangen, uns auf unser Leben als ganzes zu konzentrieren.

2) Ziele und Inhalte dieses Buchs

Dieses Buch unterstützt uns dabei, Weichen für unser Leben zu stellen. Richtungsweiser für ein langes, glückliches Leben in innerer Harmonie und persönlicher Freiheit. Es eröffnet neue Perspektiven und einen Einstieg in eine etwas andere Sicht der Dinge als im materiell orientierten, konventionellen Arbeitsmarkt üblich. Es ist die manifestierte Version der Erkenntnisse meiner praktischen Arbeit in Workshops, Trainingsmaßnahmen oder sonstigen Aufgaben. Zur Vertiefung, zur Auffrischung oder einfach zum eigenständigen Arbeiten an den an uns selbst gestellten Fragen – zu einer Zeit, wenn wir offen dafür sind. In inneren Ruhesituationen, in häuslicher Geborgenheit oder zumindest abseits von der Gruppendynamik eines Seminars oder Workshops.

„Beruf als Berufung" führt uns unsere individuellen Qualitäten und Bedürfnisse gezielt ins Bewusstsein, um persönliche Stärken authentisch und erfolgreich zu nutzen, unabhängig von vorhandenen Arbeitsmarktstrukturen. Wir erfahren bewusst unsere körperlichen, geistigen und zwischenmenschlichen Potenziale und kreieren, orientiert an unseren individuellen Werten und Zielen, ein Bild unseres „Traumjobs". Wir erhalten ein klares Bild unserer Haupt-Stärken und übertragbaren Fähigkeiten. In einem individuell angenehmen Tempo erarbeiten wir prädestinierte Tätigkeitsfelder, die unsere Fähigkeiten bestmöglich honorieren. Dieses Buch soll helfen, eigene Wege – unabhängig von den Interessen oder der Meinung anderer über uns und andere – zu einer interessanten Lebensaufgabe zu finden, in der unsere Qualitäten voll zur Geltung kommen und unsere Bedürfnisse optimal erfüllt werden. Ziel ist, einen Beruf zu haben, der sich wie ein Hobby „anfühlt", in dem wir also genau das machen wozu wir Lust haben.

Konventionelle Institutionen zur Berufsberatung, Umschulung oder Berufsfortbildung beschränken sich meistens auf die vorhandene Struktur und versuchen uns irgendwo in dieses Raster zu „stopfen". Egal wie modern das Informationsmedium auch ist, ob es „Arbeitsamt" oder „Agentur für Arbeit" heißt. Bis auf wenige Ausnahmen werden nur die altbekannten, etablierten oder standardisierten Berufe dargestellt und angeboten. Das bringt uns nur bedingt weiter. Es geht dabei im Endeffekt um unsere kommerzielle Verwertbarkeit durch Andere.

Zur Unabhängigkeit von anderen gehört, außer einem gewissen Maß an finanzieller Unabhängigkeit, aber vor allem die Definition eigener Inhalte und Werte. Grundsätzlich gilt: Wer klare Visionen hat, lebt glücklicher! Glaube gibt dem Leben Sinn. Das fängt für Milliarden Menschen bereits im Kindesalter mit ihrer Religion an.

Der erste Schritt ist das „Clearing", das „Aufräumen bei sich selbst". So erkennen wir Werte, Lebensumstände die uns persönlich wichtig sind, damit wir glücklich sein können. Daraus entstehen Ziele und zum Erreichen dieser Ziele brauchen wir einen Plan. Wer keine Ziele hat wird zur Zielscheibe für die Ziele anderer! Aber, Lebensziele müssen konkret formuliert und der Lebensplan sollte schriftlich manifestiert werden, das hilft.

Wer dieses Buch gewissenhaft und Schritt für Schritt durcharbeitet, gewinnt folgende Lebens-Vorteile:

- Ein bewussteres, detailliertes Selbstbild
- Klarheit individueller Qualitäten und Bedürfnisse
- Bild des Traumjobs und ein Ansatz zur Verwirklichung
- Basisgerüst einer ersten persönliche Erfüllungsdefinition
- Erstellung eines Lebensplans mit Zielen und Terminen
- Verbesserung von Selbstwertgefühl und Selbstvertrauen
- Verbesserung der persönlichen sozialen Kompetenz
- Selbstbewusste Perspektive der Ausbildungs- und Arbeitswelt
- Mechanismen zur effektiven Ausbildungs- und Jobsuche.

Dieses Buch ist ein persönliches Arbeitsbuch zum Aufbewahren!

3) Sinnvolle Regeln zur erfolgreichen Nutzung

Es gibt Menschen (ich bin einer von ihnen), die brauchen für manche Bücher Monate oder sogar Jahre, um sie endlich ganz durchzulesen. Das Ergebnis ist natürlich unbefriedigend, weil wir immer wieder aus dem Zusammenhang gerissene Fetzen vor uns haben, uns jedes mal wieder in die Materie, in die Handlung hineinlesen müssen und nie den Spannungsbogen oder die Gesamtaussage wirklich erfahren. Wir sind mit all den kleinen Unzulänglichkeiten unseres dazwischen liegenden Lebens so beschäftigt, dass wir uns selbst um den Nutzen eines Buches bringen, zu dem wir es uns wahrscheinlich ursprünglich besorgt haben oder zu dem es uns von wohlmeinenden Freunden überlassen wurde.

Sicher, es gibt Bücher die sind wie Schallplatten und dienen im wesentlichen kurzweiliger Entspannung oder Aufmunterung. Da „Beruf als Berufung" jedoch ein Arbeitsbuch ist, also ein Buch zum aktiven Arbeiten an uns und unseren besten Eigenschaften, entsprechen die Resultate der Wichtigkeit, der Kontinuität und Aufmerksamkeit die wir ihm schenken – uns selbst schenken. Wie bei jeder anderen Arbeit auch: Geben wir viel Energie hinein, bekommen wir viel zurück, investieren wir wenig, erhalten wir entsprechend bescheidene Resultate. Das muss uns von vorne herein klar sein, sonst arbeiten wir ineffizient. Das ist unnötige Energieverschwendung!

Ich weiß, unser Alltag macht es uns nicht immer einfach, diese Regeln zu befolgen. Aber, nur wenn wir mindestens einmal konsequent mehr machen als das normal mögliche, werden wir langfristig einen Effekt haben, der auch mehr bietet als den normalen Zustand. Viele Menschen machen sich das nicht bewusst oder sind einfach zu bequem. Mehr machen als die Masse der Menschen ist aber eines der Geheimrezepte des Erfolges. Ist dieser Schritt einmal gemacht, erscheint der Energieaufwand im Rückblick gering. Aber ich muss ihn machen, sonst läuft nichts! Mache ich das, was die Masse tut, bekomme ich das, was die Masse bekommt: Massenware!

Wir sollten uns daher selbst einige Grundregeln aufstellen, um unsere gewonnenen Erkenntnisse bewusst aufzunehmen und den vollen Nutzen daraus zu erhalten.

Die erste Regel lautet:

Arbeite das Buch in möglichst kurzer Zeit durch! Lasse es nicht wichtigtuerisch irgendwo herumliegen. Mache diese Aufgabe erst ganz fertig, bis Du dir sicher bist mit dem was Du denkst oder tust. Wenn Du das Gesamtbild hast, kannst Du darüber sprechen. Andernfalls besteht die Gefahr, dass andere uns wohlmeinend unsere guten Ideen ausreden, bevor sie wirklich ausgereift sind.

Die zweite Regel lautet:

Suche Dir immer einen ruhigen Platz zum Lesen und schreibe Deine spontanen Gedanken sofort und möglichst detailliert auf, bevor Du sie hinterfragst und verfälscht. Schreibe sie nieder, wie sie Dir aus dem Kopf, aus dem Bauch oder aus dem Herzen „fließen". Manche machen sich darüber lustig, wenn andere „aus dem Bauch" oder „mit dem Herzen" entscheiden. Tatsächlich aber finden wir die größten Nervenansammlungen außerhalb des Gehirns, in den Regionen des Herzens und des Verdauungsapparates, speziell der Darmregion, die sich ja überwiegend im Bauch befindet. Es ist also überhaupt kein Zufall, wenn wir ganz gezielt „aus dem Bauch" heraus entscheiden. Dafür habe ich extra Platz im Buch gelassen. Brauchst Du mehr, nutze die leeren Seiten am Buchende oder nehme Dir Extra-Schreibpapier dazu. Manche schreiben mit wenigen Worten sehr viel auf, andere brauchen mehr Worte zur Verbildlichung ihrer Gedanken.

In meinen Workshops nehme ich zur Entspannung und Fokussierung, zu Beginn und nach Pausen immer einen kurzen Titelsong, eine Fanfare, damit die Teilnehmer leichter ihren Konzentrationsansatz wiederfinden, zu Hilfe. Beim Tai Chi verbeugen wir uns vor jeder Stunde kurz und lassen damit bewusst unsere Alltagsprobleme hinter uns. Vielleicht schaffst Du dir dein ganz eigenes kleines Ritual, um Dir selbst die Aufmerksamkeit zu schenken, die Du brauchst, wenn Du dich mit dem Buch beschäftigst?

Wenn wir dann einmal begonnen haben, gilt es im „hier und jetzt" zu sein. Es geht hier vielleicht um 30 Stunden unseres Lebens und es bringt uns kein Stück weiter, wenn wir uns in dieser Zeit geistig mit Problemen der Vergangenheit oder mit Ängsten vor der Zukunft beschäftigen. Auch das wäre reine Energieverschwendung! Unsere Arbeit mit diesem Buch wird ohnehin Lösungsansätze zu Fragen, an denen wir schon länger rumgrübeln, bringen. Auch wenn wir vielleicht zunächst glauben, dass es andere Bereiche betrifft. Daher ist es wichtig, offen und aufmerksam für die Inhalte zu sein und genau „hinzuhören". Ich denke immer an einen schönen Spruch, den ich selbst immer wieder von einem Workshop-Leiter hörte, an dem ich teilnahm und der mir irgendwie haften geblieben ist: „Be Here And Live In The Moment!" („Sei hier und lebe im Augenblick!"). Er hatte Recht, denn ich lief dauernd Gefahr, mich an Einzelheiten festzuhalten, gedanklich abzuschweifen und so das aktuell gesagte nicht wahrzunehmen.

Weitere Regeln lauten:

Sei selbstehrlich! Wir können bei der Selbstbeschäftigung mit uns zunächst mal nur einen Menschen betrügen. Genau, uns selbst! Das ist vielleicht für manchen der entscheidende Vorteil eines Buches vor einem Workshop, einem Seminar oder einer sonstigen Fremdtherapie: Wir müssen uns hier vor niemandem beweisen, außer vor uns selbst und später im Nebeneffekt vor denen, die uns lieben und die wir lieben. Sonst vor niemandem! Was wir aus dem Buch – und natürlich auch aus jeder anderen Aktivität – herausholen, hängt entscheidend davon ab, wie intensiv wir mitmachen. Deshalb kann die Devise hier nur lauten: Sei vorurteilsfrei, sei spontan. Geh einfach aus dem Bauch heraus an das Buch und seine Aufgaben heran. Denn wir erzielen wesentlich bessere Ergebnisse, wenn wir uns an die Grundregeln halten und offen an die Dinge herangehen. Abwehrhaltung blockiert unsere Wahrnehmungsfähigkeit für die Inhalte. Eine weitere Gefahr der Energieverschwendung!

Sei mutig in Deinen Ideen und Phantasien, gerne auch übermütig, aber nicht total realitätsfern. Setze Dir Ziele, mit denen Du dich wohlfühlst.

Ich bin Autor, nicht Richter, und dieses Buch als Medium will nicht be- oder verurteilen. Ich verteile keine Zeugnisse, denn auch ich bin nicht perfekt (igitt, wie langweilig). Das Buch will niemanden „vorführen", auch wenn der eine oder andere Leser sich vielleicht kurzfristig mal so fühlen mag, weil er oder sie bei aufrichtiger Konfrontation mit sich selbst zu Ergebnissen gelangt, die auf den ersten Blick nicht immer komfortabel sind. Das Buch ist der Katalysator, der Stoff der Reaktionen herbeiführt und beschleunigen soll. Der Spiegel, der uns hilft, Antworten zu finden auf die Fragen: „Wer bin ich?" und „Was will ich?". Sozusagen unser externes Gewissen: Engel und Teufel in einer Gestalt! Der Teil Kritik, den wir selbst nicht freiwillig leisten können, weil wir normalerweise bei diesen Fragen in unsere gewohnte Komfortzone abdrehen – manchmal auch aus Angst vor einer anderen, geahnten Wahrheit?

Ich weiß, es ist heute generell vielfach üblich, sich während einer Aufgabe gerne mit einer oder sogar mehreren „Nebenaufgaben" zu beschäftigen. Ich rate jedoch dazu, während der Beschäftigung mit diesem Buch – also optimalerweise auch in den Lesepausen – keinen Walkman, kein Handy, keine Telefongespräche oder Parties, keine legalen (außer vom Arzt verordnete) oder illegalen Drogen, kein Sex, kein Fernsehen, keine Zeitungen, keine oder nur die gerade nötigste Konversation mit Eltern, Freunden, Geschwistern oder sonstigen Partnern zu haben. Wer das Buch konzentriert und „am Stück" durcharbeiten will – und genau das bringt den besten Erfolg – der gibt seinen entsprechenden Mitmenschen vorher einen Tipp und bittet um Verständnis! „Leben in Stille" ist die Devise! Der Grund ist, die Konversation mit sich selbst zu intensivieren. „Nur stille Wasser geben ein klares Spiegelbild". Alles andere lenkt ab. Schon beim Walkman-Hören sind wir nicht mehr alleine im Dialog mit uns selbst. Wer immer unterschwellig und gierig auf SMS-Nachrichten aus seinem Handy wartet, der ist nie ganz bei der Sache mit sich selbst. Das Experimentziel für uns lautet: In Stille über mich selbst und meine Zukunft nachdenken. Eine gute Gelegenheit dazu ist ein Wochenende, eine Reise, Ferien oder Urlaub generell, da wir dann ohnehin offener für neues sind. Ich war viele Jahre im Vertrieb tätig und fuhr lange Strecken im Auto. Dabei konnte ich herrlich nachdenken. Aber bitte nicht beim Autofahren lesen!

Versuche nicht, den zweiten oder dritten Schritt vor dem ersten zu machen! Lese das Buch von links nach rechts und von oben nach unten. Auch wenn nicht immer alles für alle gleich zutreffend zu sein scheint, so ist es doch Teil der Gesamterkenntnis aus dem Inhalt. Wir verderben uns selbst das Ergebnis, wenn wir gleich zur Zusammenfassung aus den vorher zu erarbeitenden Schritten gehen wollen. Details bleiben auf der Strecke. Wertvolle Erkenntnisse können so verloren gehen!

Details der Inhalte und Methoden dieses Buches sind nur für uns selbst bestimmt. Wenn das Gespräch auf das Buch kommt, wenn es Dir gefallen hat, teile das gerne deinen Freunden mit. Aber, verrate keine Einzelheiten. Das wäre unfair! Zukünftige Leser haben dann eventuell nicht mehr den „Aha-Effekt", wollen den dritten Schritt vor dem ersten machen und das mindert ihren persönlichen Erfolg. Ebenso gilt das für Gespräche mit Menschen, die bereits mit dem Buch gearbeitet haben. Lasst Euch nicht „vollquatschen" mit den Ergebnissen anderer, bevor ihr nicht selbst damit durch seid. Ihr lauft Gefahr, befangen zu sein. Ihr blockiert Euch selbst!

Das gekaufte Buch dient dabei ausschließlich der eigenen Verwendung, denn mit Notizen versehen hilft dieses Buch wirklich niemandem mehr, weil sie immer ablenken und das individuelle Ergebnis verfälschen.

Alles, was der Qualität zukünftiger Auflagen dieses oder anderer Bücher oder den entsprechenden Workshop-Inhalten dient, ist natürlich als „feedback" (Rückmeldung) willkommen. Auch als ganz individuell empfundene Probleme können zukünftigen Teilnehmern nützen. „Wir sind nie allein auf der Welt mit einem Problem. Es gibt immer irgendwo einen, der genau das Problem, welches wir als so einmalig – nur uns betreffend – ansehen, so oder in sehr ähnlicher Weise auch hat."

Anregungen oder auch Fragen, Kommentare zum Buch können dem Autor natürlich gerne mitgeteilt werden. Er wird versuchen, sie im Rahmen seiner sonstigen Aktivitäten zu beantworten. Benutze dazu bitte die e-mail Adresse unter www.berufalsberufung.de.

Nach diesen Formalitäten und Ratschlägen kommen wir nun also zum aktiven Teil des Buches. Voila!

4) Meine Visitenkarte: „Wer bin ich heute?“

Bevor wir uns auf den Weg in Richtung unserer wahren Berufung machen, müssen wir zunächst einmal eine Bestandsaufnahme oder Positionsbestimmung erstellen. Damit wir ein klares Bild davon bekommen, wo wir eigentlich zur Zeit wie stehen – und warum? Das dient langfristig unserer Orientierung und Sicherheit.

Was wir hier machen, ist für die meisten wohl ohnehin eine Erst-Erfahrung in der gezielten, bewussten Beschäftigung mit der eigenen Persönlichkeit. Natürlich grübelt jeder mal, oder auch mal öfter über sich und sein Leben nach. Aber viele dieser Versuche und Ansätze bleiben dort stecken, wo wir bei uns selbst auf innere Widerstände stoßen, wo unsere Schwächen zutage treten und wo wir uns selbst gar nicht so gerne mögen wenn wir genauer darüber nachdenken. So geraten wir, ohne kritische Instanz die uns begleitet, leicht in einen Kreis der sich nie in die Tiefe bewegt, sondern uns immer auf einem für uns vordergründig bequemen Wohlfühl-Niveau hält. Bloß keine Unruhe stiften im Kopf, ja nicht genauer nachfragen! Es könnte ja sein, dass wir unbequeme Dinge über uns erfahren, sobald wir in unserem Leben herumstochern. Diese Einstellung entspricht dem Empfinden der großen Mehrheit der Menschen. Sie wissen nicht, dass das Leben sie ohnehin irgendwann mit seiner Wahrheit einholen wird und sich mit dieser Bequemlichkeit irgendwann nichts mehr regeln lässt.

Es lohnt sich also in jedem Fall, erkannte Probleme oder Unstimmigkeiten der eigenen Persönlichkeit oder Lebensweise sofort anzupacken und zu beheben. Verdrängte Probleme werden nicht kleiner sondern größer. Viele Menschen rennen dann in letzter Instanz zu einem Psychologen, Therapeuten, Kirchenmenschen oder sonstigem Berater, weil sie sich dort größere Kompetenz versprechen. Dabei können wir selbst unser bester Berater sein und die hinzugezogenen Berater machen ja auch oft nichts anderes als uns auszufragen um uns dann das zu sagen, was wir eigentlich lange schon über uns wussten. Wir haben uns nur nicht als Instanz akzeptiert oder uns nicht genug gefordert. Das liegt wiederum daran, dass wir uns eben nie bewusst und in die Tiefe gehend mit unserer Persönlichkeit beschäftigt haben und diese Erkenntnisse dann manifestiert haben um sie auch in weniger euphorischen Zeiten sicher verfügbar zu haben. Nämlich dann, wenn wir gerade mal wieder schlechter Stimmung sind, alles in Frage stellen, uns nichts zutrauen und entsprechend handeln. Das ändern wir jetzt!

Wir greifen so auf unser hier erarbeitetes Wissen über uns selbst zurück, welches wir in guter Stimmung – aus eigener Initiative – mutig und freiwillig, in vorausschauender Weise erarbeitet haben. „Beruf als Berufung" ist auch ein Rezeptbuch. Wir folgen zunächst den vorgegebenen Richtlinien und fertigen uns ein Standardgericht. Je routinierter und erfahrener wir werden , desto mehr können wir das Rezept nach unseren Vorstellungen variieren, würzen und anpassen.

Unser erster aktiver Schritt ist also jetzt, eine kleine „Visitenkarte" zu erstellen. Ich nenne das gerne „Testimony", im englischen etwa „Zeugenaussage", weil wir etwas über uns selbst bezeugen, zu einem Zeitpunkt X. So haben wir eine Grundaussage zu unserem heutigen Leben gemacht, eine Momentaufnahme! Sie trifft jetzt zu. Grundvoraussetzung für alle Übungen in diesem Buch sind ja immer Spontaneität, Selbstehrlichkeit und positives Denken!

Bitte beantworte alle folgenden Fragen stets komplett und eindeutig, nach dem Prinzip: „Ich muss mich für eine Sache entscheiden. Das fängt mit meinem Wunschalter und meiner Lieblingsfarbe an. Ich gehe an Bord und darf eine Sache mitnehmen und muss eine Sache mitnehmen. Mehr nicht."

Ich heiße ____

und bin __________ Jahre jung.

Ich möchte mindestens ______________ Jahre alt werden.

Ort/Datum: ____

Ich mache derzeit
(Familie, Freunde, Job/Schule/Hobbys/Interessen):

____
____
____

Meine Lieblingsfarbe ist:

____

Mein Traum ist:

____
____
____

Was ich überhaupt nicht möchte:

____
____
____

Alle Fragen beantwortet, zu allen Themen etwas aufgeschrieben? Spontan, selbstehrlich und großzügig mit sich selbst gewesen? Auch das Datum eingesetzt? Es ermöglicht uns eine gute Kontrolle unserer Selbstdisziplin im Umgang mit dem Buch und den Ratschlägen zur Kontinuität im dritten Kapitel! Gut auch zur späteren Rekonstruktion der Phasen unserer persönlichen Entwicklung!

Wer mit dem gegebenen Platz auf der vorherigen Seite nicht auskommt, nimmt sich natürlich weiteres Papier. Eines unserer Ziele sollte es aber auch sein, uns möglichst ohne Umschweife auszudrücken. Für viele Sachverhalte brauchen wir nur wenige Worte um sie präzise darzustellen. Das schult unseren Geist, macht uns klarer im Innen- und Außenverhältnis, also vor uns selbst und anderen gegenüber. Wir entwirren uns langsam aber sicher, sparen so Energie für wichtigeres.

Zumindest haben wir mit Ausfüllen der vorherigen Seite schon einmal klar Position zu mindestens fünf entscheidenden Themen unseres Lebens bezogen. Das ist eine gute Ausgangsposition, denn wir haben uns damit gleichfalls einen zeitlichen Rahmen geschaffen, in dem wir – nach heutigem Erkenntnisstand – zum Beispiel einen unserer Träume verwirklichen wollen. Außerdem haben wir uns ein paar Zutaten und Umstände unseres Lebens ins Bewusstsein gerufen um sie dann besser verfügbar zu haben. Im folgenden Kapitel haben wir noch mehr Gelegenheit dazu.

5) Phantasiereise: Rückblick auf mein Leben

Wir beschäftigen uns ja im ganzen Buch mit der „Aufklärung" unserer wahren Persönlichkeit und dem daraus entstehenden, höheren Selbstbewusstsein und Selbstvertrauen, welche uns dabei unterstützen ein ureigenes Selbstwertgefühl zu entwickeln mit dem wir uns besser auf unsere Erwartungen an unser Leben konzentrieren können. Jetzt geht es erst einmal darum, Klarheit und Kraft aus unserer Vergangenheit zu schöpfen, um eine gute Basis für dieses bessere Selbstbewusstsein und Selbstvertrauen zu schaffen.

Da wir schon „eine ganze Weile" leben, haben wir viele Talente und Fähigkeiten, Qualitäten und Bedürfnisse entwickelt und gleichzeitig reichlich Erfahrungen gewonnen, die unser „Überleben" bis heute überhaupt ermöglicht, gesichert oder auch verbessert haben. Darüber hinaus tragen wir in unseren Genen, in den uns überlieferten Erbinformationen, die gesamte Erfahrung und das Wissen der Entwicklungsgeschichte der Menschheit bis heute. Wir sind also bestens versorgt und gut vorbereitet. Das Problem der meisten Menschen ist jedoch, diese Quellen zu lokalisieren und sie anzuzapfen um sie für sich zu nutzen. Wir wollen uns daher in diesem Kapitel einmal – rückwirkend – selbst beobachten, um uns zu vergegenwärtigen, warum wir so (geworden) sind, wie wir sind. Was uns zu dem Menschen hat werden lassen, den wir heute verkörpern. Wir können hier auch den Begriff „Introspektion" oder Selbstbeobachtung (Erlebnis-Beobachtung) verwenden. Ein Phänomen der Kommunikation mit uns selbst, zur Erlangung individuellen Bewusstseins. Die Ergebnisse halten wir natürlich schriftlich fest, um diesen Schatz auch später zur Verfügung zu haben.

Dazu begeben wir uns auf eine kleine Reise in unsere Vergangenheit! Manche nennen das auch „geführte Traumreise“ oder amerikanisch „guided phantasy“. Der Effekt ist bestenfalls derselbe. Wir lassen uns einfach mal etwas gehen und begeben uns an einen Ort, an dem wir gerne über uns und unser Leben nachdenken mögen. Unsere Schreibsachen nehmen wir mit, um unsere wichtigsten Eindrücke spontan und ursprünglich festzuhalten.

Singles haben ja nicht so das Problem, einen stillen Platz in ihrer Wohnung zu finden, wer in einer Gemeinschaft lebt, sollte sich an einen so ungestörten Ort wie möglich zurückziehen. Das kann auch die Parkbank, der Ruheraum im Fitnesscenter oder ein sonstiger Platz außerhalb direkter Verkehrsströme sein. Da es hier um den Dialog mit uns selbst geht, sind Ablenkungen wie Musik, sensationsgierig bereite Handys oder laute, öffentliche Orte schlechte Begleiter bei dieser Aufgabe. Bei wirklich geführten Meditationen, bei denen andere uns die Denk-Impulse geben, mag etwas leise Hintergrundmusik zur Entspannung angebracht sein, wenn wir aber selber lesen und festhalten wollen, sollten wir das in Stille tun. Wie schon ein altes asiatisches Sprichwort (war es gar Buddha?) sagt: „Nur das stille Wasser gibt ein klares Spiegelbild“. Genau das wollen wir erhalten!

Um entspannter zu sein empfehle ich, einmal tief einzuatmen, die Luft kurz anzuhalten und über den Stress nachzudenken den wir in letzter Zeit so hatten. Dann atmen wir aus und lassen mit der Luft den ganzen Stress heraus, der uns unsere kreative Energie geraubt hat. Wir atmen noch einmal tief ein, spannen kurz unseren ganzen Körper, angefangen beim Po bis zu den Zehen und dann vom Bauch über die Schultern zum Gesicht und den Armen an, atmen aus und lassen mit der Luft die ganze Spannung aus unserem Körper, die uns unflexibel gemacht hat. Egal, was in der letzten halben Stunde noch war, egal, was in der nächsten Stunde sein wird. Es lohnt sich jetzt nicht, Energie daran zu verschwenden, denn jetzt lesen wir ja gerade und brauchen uns also um nichts anderes zu sorgen als um das, was hier vor uns liegt.

Der folgende Text ist Teil einer geführten Meditation. In diesem Falle müssen wir uns selbst führen. Es sei denn, wir haben einen einfühlsamen Freund oder Freundin, die uns den folgenden Text langsam und klar vorlesen können. In dem Fall kann auch leise Entspannungsmusik im Hintergrund erklingen. Wenn Ihr Euch nicht sicher seid, lieber selber lesen – möglichst in einem Stück bis Seite 39. Es wird intensiv!

Wir atmen also gleichmäßig weiter und schon sind wir gedanklich irgendwo draußen auf Entdeckungsreise in der Natur, weitab von der Stadt mit ihrem Lärm und Gestank, ihrer Hektik und ihrer Enge. In angenehm sanften Klima, schönen Gerüchen und bunt wechselnder Umgebung kommen wir langsam auf immer schmalere Wege bis an das Ende eines kleinen, fast zugewachsenen Trampelpfades der zu einer schönen, sommerlich warmen und duftenden Blumenwiese führt. Die Sonne scheint, die Vögel zwitschern um uns herum und wir legen uns hier einfach genüsslich ins weiche Gras und gucken ziellos in den herrlich blauen Himmel um in Ruhe ein bisschen über uns nachzudenken.

Nun, wo wir hier so schön entspannt liegen ist es ganz einfach, unser Leben einmal bewusst und mit Abstand und Ruhe an uns vorüberziehen zu lassen. Wir wollen uns nicht ärgern oder Begebenheiten die lange zurückliegen, verurteilen. Wir wollen nur einmal nachschauen: Was war eigentlich wann los? Wie und warum haben sich Gegebenheiten in unserem Leben so oder so entwickelt?

Dazu gehen wir erst einmal ganz weit zurück in unser Geburtsjahr und überlegen, in welchem Monat, also zu welcher Jahreszeit und auch zu welcher Tageszeit das eigentlich war, als wir geboren wurden. Wissen wir genau darüber Bescheid? Haben wir uns jemals Gedanken darüber gemacht, zu welcher Zeit wir geboren wurden und unter welchen Umständen? Haben wir je mit unseren Eltern oder sonstigen Bezugspersonen darüber gesprochen? Gibt es noch Unterlagen oder Erinnerungen dazu, aus denen wir schlauer werden? Aufschreiben!

Seit wann haben wir eigentlich unsere(n) Vornamen? Mögen wir unseren Familiennamen? Warum haben unsere Eltern uns gerade diesen Namen gegeben und wer oder was war der ausschlaggebende Charakter oder Anlass? Welche Rolle spielt unser Name in unserem Leben? Hat er uns irgendwie geprägt? Was sagt er über unsere Persönlichkeit aus? Wo wohnten wir oder was empfinden wir als unsere Geburtsstätte? Wo, meinen wir, sind unsere persönlichen Wurzeln? Welche Gefühle haben wir im Zusammenhang mit unserem Namen und unserer ersten Wohnung? Aufschreiben!

Wie alt und in welcher persönlichen Situation waren unsere Eltern zur Zeit unserer Geburt? Wenn wir unsere leiblichen Eltern nicht kennen, interessieren wir uns auch für die ersten bewusst erlebten Bezugspersonen unseres Lebens! Ging es Ihnen gut (nicht nur materiell, sondern auch spirituell)? Wie sahen sie damals aus, was hatten sie für Kleidung an, welche Mode und welcher gesellschaftliche Zustand herrschten damals vor? Wer waren ihre Freunde? Welche Freuden, welche Träume, welche Ängste oder Sorgen mögen sie damals gehabt haben? Hatten sie vielleicht ähnliche Probleme und ähnlichen Spaß wie wir heute? Wie ging es unseren Eltern damals wirklich, beruflich und privat? Welche Erinnerungen an, oder welche Vorstellungen haben wir von dieser Zeit? Aufschreiben!

Jetzt sehen wir uns als Baby. Wir sehen unser Bettchen, unsere Wiege oder gar unseren „Stubenwagen"!? … Unser Zimmer, Spielzeug, unsere Wohnung! Was erinnern wir noch aus dieser frühen Zeit? Gibt es noch räumliche Vorstellungen aus unserer kleinen Welt? Prägende Eindrücke erster Erfahrungen, die uns geformt haben? Welche Gefühle werden im Rückblick auf unsere frühe Kindheit in uns wach? Aufschreiben!

Wir werden älter und größer, sind jetzt Kleinkind! Vielleicht verbringen wir Zeit mit einer „Tagesmutter" oder gehen schon in den Kindergarten? Wer sind unsere wichtigsten Bezugspersonen in dieser Zeit? Erinnern wir Namen oder Gesichter? Wie viel Zeit verbringen wir mit unseren Eltern, mit eventuellen Geschwistern, Großeltern oder sonstigen Verwandten, Bekannten oder frühen Spielkameraden? An wen und was erinnern wir uns in diesem Zusammenhang am intensivsten und warum? Wer sind unsere ersten Freunde, was oder womit haben wir am liebsten gespielt – damals? Wie hießen und welche waren unsere Lieblingspuppe oder unser Lieblings-Kuscheltier? Aufschreiben!

Heute werden wir in der Grundschule eingeschult mit unserer großen Schultüte, die wir nun deutlich und voller Stolz vor uns sehen. Ein neuer Lebensabschnitt mit neuen Pflichten beginnt! In welchem Jahr war das noch genau? Wie hieß doch gleich unser/e Klassenlehrer/in? Sehen wir unseren Klassenraum oder sonstige Bilder unserer Schule vor uns? Wie war die gesellschaftliche Situation damals? War in unserem Umfeld irgend etwas besonderes? Wie war diese Grundschulzeit mit Spielpausen, Basteln, Lesen, Schreiben und Rechnen lernen? Was konnten wir immer besonders gut? Welcher war unser Lieblings-Unterricht? Gab es erste Klassenreisen? Wenn ja, was fühlten wir dort? Mit wem und womit haben wir die meiste Zeit verbracht? Haben wir noch Kontakt, oder wann und warum brach der Kontakt ab? Was können wir bis heute erinnern? Aufschreiben!

Welche Rolle spielten unsere Eltern in dieser ersten Schulzeit, was haben wir damals alles mit Ihnen erlebt? Wie verliefen unsere Tage normalerweise? Waren unsere Eltern eher viel oder eher wenig für uns da? Wer hatte die meiste Zeit für uns? Wo waren wir in den Ferien, was haben wir dort erlebt? Woran erinnern wir uns noch ganz genau, obwohl es vielleicht nur „kleine" Ereignisse waren? Welche typischen Charakterzüge unserer Eltern erinnern wir aus dieser Zeit? Was war ihnen besonders wichtig – an uns und am Leben generell? Um welche Themen drehte sich unsere Kommunikation mit Ihnen? Was erinnern wir besonders intensiv? Aufschreiben!

Dann kam die Einschulung zur nächst höheren Schule, dem Gymnasium, der Gesamtschule, Realschule, der Hauptschule oder auch jeder sonstigen Schule. In welchem Jahr war das noch gleich? Wie empfinden wir diese weitere Schulzeit heute im Rückblick? Ist alles glatt verlaufen oder haben wir irgendwo besonders „gepatzt“? Was haben wir hier noch dazugelernt? Welche Lieblingsfächer hatten wir hier, auf den weiterführenden Schulen und warum waren gerade diese unsere Lieblingsfächer? Haben wir unsere Wunsch-Schulform mit einem Abschluss beendet und wie fühlten wir uns dabei bzw. danach? Sind wir eventuell vor dem offiziellen Ende unserer Schulzeit ausgestiegen? Was war der damalige Grund dafür? Was sind die unangenehmsten, welches die schönsten Erinnerungen?

Wie war es bei uns mit ersten Romanzen, aufregenden Partys, Flirts, Klassenreisen, Schulausflügen oder sonstigen „Events“? Wie hat sich unsere Position in der Gemeinschaft insgesamt entwickelt? Wie haben wir persönlich uns verändert? Wie entwickelte sich unser Verhältnis zu Eltern, eventuellen Geschwistern und Großeltern? Wer war unser bester Freund und/oder unsere beste Freundin zu dieser Zeit? Habe ich noch Kontakt zu ihm oder ihr? Wenn ja, was verbindet uns und wann haben wir das festgestellt? Wenn nein, warum haben sich unsere Wege getrennt? Aufschreiben!

Je nach unserem jetzigen Lebensalter erlebten oder erleben wir weitere Stufen und Stationen beruflicher und persönlicher Entwicklung, die ebenfalls sehr individuell und unterschiedlich (gewesen) sein können. Sehr wichtig für unsere Persönlichkeit und die erworbenen Talente und Fähigkeiten sind jedoch diese vorangegangenen ersten, hoffentlich „unbefangenen“, Jahre unseres Lebens. Sie spielen eine besonders prägende Rolle bei unserer grundsätzlichen späteren Lebenshaltung.

Im Zuge unseres Lebenslaufes haben wir gleichfalls verschiedene Etappen durchlebt, die sich nicht unbedingt mit den Entwicklungsstufen vom Baby zum Schulabsolventen, bzw. zum Arbeiter, Angestellten oder sonstigem berufstätigen „Erwachsenen“ decken müssen. Wo würden wir selbst in verschiedene Phasen unseres Lebens unterteilen?

Sind wir irgendwann umgezogen? Wann sind wir das erste Mal ohne Eltern verreist? Wohin ging es und mit wem? Was war das besondere daran? Wann haben wir unser Geschlecht gefunden, also die sexuelle Erkenntnis: „Ich bin Mädchen" (bzw. Frau) oder „Ich bin Junge" (bzw. Mann)? Wie stehen wir zu dieser Erkenntnis? Was bedeutet sie uns bezüglich Selbstsicherheit, persönlicher Reife, Selbstverwirklichung und persönlicher Freiheit? Wann haben wir das erste Mal etwas wie Erotik „Live" empfunden? Wann hatten wir unseren ersten Freund oder unsere erste Freundin? Was hat uns zusammengebracht? Wann hatten wir das erste Mal Sex? Wann hatten wir das erste Mal bewusst Spaß am Sex? Welche Erfahrungen haben wir in diesen essentiellen Bereichen unseres erwachsener werdenden Lebens gemacht? Aufschreiben!

Wann gab es erste Wettbewerbssituationen oder Ergebnis- bzw. Leistungsvergleiche in unserem Leben? Wann sind wir bei uns wichtigen Angelegenheiten auf erste Widerstände gestoßen? Wann haben wir die ersten konkreten Entscheidungen über alltägliches hinaus getroffen? Wie energisch waren wir dabei? Wann hatten wir unseren ersten Job mit dem wir Geld verdient haben (auch Nebenjobs)? Was waren die Gründe für diesen Job? Wie haben wir ihn bekommen? Wie haben wir uns dabei gefühlt? Aufschreiben!

Wie fühlen wir uns eigentlich zur Zeit bezüglich unserer Akzeptanz in der Gesellschaft, also in Familie, Freundeskreis, Schule oder Kollegenkreis? Wie gehen wir mit unserem Alter um? Fühlen wir uns gut? Wie viel Energie haben wir im Verhältnis zu Phasen in der Vergangenheit? Haben wir eigentlich schon recht viel oder eher zu wenig erlebt? In welchem Abschnitt sehen wir uns auf unserer ganz persönlichen Karriereleiter des Lebens, beruflich und privat? Aufschreiben!

Haben wir jemals echte materielle Not oder Hunger erfahren? Haben wir früher jemals psychische Not erfahren, also seelische Probleme gehabt, bei denen uns keiner recht weiterhelfen konnte? Wenn ja, wann genau war das und worum ging es? Sind diese Probleme mittlerweile geklärt oder gibt es aktuelle Konfliktsituationen dieser Art? Aufschreiben!

Welche Personen sind unsere Vorbilder und aus welchen Gründen? Welche Ergebnisse oder Ereignisse sind für uns vorbildlich, also im Ergebnis oder in der Methode erstrebens- oder nachahmenswert? Welches Wort, welches Motto oder welche Tugend könnte am besten unsere generelle Vorstellung von Ethik und Moral, also vom allgemein sittlich wertvollen Denken und Verhalten, beschreiben? Aufschreiben!

Wen oder was wollen wir überhaupt nicht und was würden wir sofort abschaffen, wenn wir die Macht hätten gutes zu tu? Was würden wir sofort einrichten, wenn wir die Macht hätten, gutes zu tun? Welche ist unsere Rolle in der Gesellschaft? Haben wir eine Ahnung dazu? Wenn „ja", sofort aufschreiben!

Woher beziehen wir eigentlich generell unser Wissen, aus welchen Quellen schöpfen wir Erkenntnis? Sind das immer ursprüngliche Quellen oder sind es eventuell Informationen aus zweiter oder dritter Hand, die ihre Informationen wiederum aus anderen „Quellen" beziehen? Hinterfragen wir unsere „Quellen" auch? Sind die Medien und Methoden, durch die wir uns informieren, wirklich kompetent und effektiv? Gibt es vielleicht allgemein gültige Fragen, auf die wir bereits Antworten haben (wenn man uns nur fragen würde)? Dinge, von denen wir glauben, sie besser machen zu können als diejenigen die sich jetzt damit beschäftigen, obwohl wir uns noch nicht aktiv mit der Materie befasst haben oder noch keine Chance hatten, unsere Kompetenz zu beweisen? Welche Dinge sind das? Aufschreiben!

Was können wir eigentlich besonders gut, auch wenn wir dort vielleicht nie eine „echte" Ausbildung absolviert haben? Welche Fähigkeiten sind das? Wie und wo haben wir sie erlernt? Welche Ursachen hatte es? Nutzen wir dieses Potenzial eigentlich und was hat sich bisher als beste Lern- und Informationsmethode für uns herausgestellt? Aufschreiben!

In welcher Lebensphase sehen wir uns? Gibt es Teilbereiche des Lebens, wo unsere Erfahrungen eventuell schon sehr weit fortgeschritten sind, weiter als „normal"? Welche Bereiche sind das und wenn wir grundsätzlich an etwas wie ein

„Lebenswerk“ glauben: Welches ist oder könnte unser Lebenswerk sein, auch wenn wir meinen, noch keinen Schritt bewusst in diese Richtung getan oder noch keinen Erfolg dabei gehabt zu haben? Aufschreiben!

Wo würden wir den Erfüllungsgrad unseres Lebenswerkes oder unseres Lebenszwecks auf einer Skala von 0 bis 100 einordnen? Am Anfang, mittendrin oder weit fortgeschritten? Wann haben wir unser Lebenswerk vollendet? Wann haben wir unser Lebensziel erreicht? Ansätze? Ahnungen? Träume? Sofort aufschreiben! Danach entspannen ... !

Wir liegen immer noch auf unserer schönen Blumenwiese, betrachten uns heute und wissen, dass es sich nicht lohnt, Energie an die negativen Erlebnisse unserer Vergangenheit zu verschwenden. Sie sind aber Bestandteil unserer Lebenserfahrung und haben uns neben unseren positiven Erlebnissen aus dieser Zeit auf eine ganz spezielle Art persönlich wachsen lassen. So haben wir eben auch Antworten oder zumindest Ansätze zu Antworten auf viele Fragen unseres Lebens gefunden und skizziert, die wir im Verlauf unserer weiteren Nachforschungen und anhand dieses Buches noch konkretisieren werden. Wir sehen uns wieder bewusster als ganzes Wesen, das so ist wie es ist, mit einer Vergangenheit, die wir – so oder so – akzeptieren müssen. Selbst wenn wir glauben, dass wir zu denen gehören, deren Leben bisher besonders hart oder freudlos war, so haben wir im Extremfall doch bis heute überlebt und können ab sofort vieles anders machen, denn wir wissen jetzt vielleicht zumindest genau, was wir nicht mehr wollen. Wir streifen also die negativen Dinge einfach wie einen Schleier ab und konzentrieren uns auf die schönen Erlebnisse der Vergangenheit und eine bessere Zukunft, die wir ab sofort selbst aktiv und ganz bewusst mitgestalten werden. Dabei unterstützt uns eine gewaltige Macht, die uns keiner nehmen kann: Die Macht, einen individuell gewählten Standpunkt einzunehmen, mit positiver, in die Zukunft gerichteter Sichtweise!

Interessant ist für uns in diesem Zusammenhang auch, noch einmal zu reflektieren was wir bei dieser Reise durch unsere Vergangenheit insgesamt empfunden haben. Haben wir einen mehr oder weniger zusammenhängenden „Film" unseres Lebens abspulen können? Hatten wir Lücken in speziellen Zeitabschnitten oder besonders intensive Phasen der Erinnerung? Wo waren die Punkte, an denen wir Widerstand in uns gespürt haben, genauer nachzufragen um zu echter Erkenntnis zu gelangen? Diese Punkte sollten wir noch einmal kurz festhalten oder in unseren Notizen markieren, um dort später noch intensiver nachzufassen. Vielleicht sind wir dann offener oder haben noch weitere Erkenntnisse gewonnen, die uns einen tieferen Einstieg in diese Bereiche ermöglichen?

Für unser Gesamtverständnis ist es außerdem wichtig zu begreifen, dass wir gerade einen entscheidenden Teil zur Vertiefung der bewussten Kenntnisse unserer Persönlichkeit und für mehr innere Klarheit geleistet haben, auch wenn der einzelne mehr oder weniger „neues" oder bisher unbewusstes dabei herausgeholt haben mag. Die Ergebnisse sind so individuell wie die Menschen insgesamt.

Viele mögen bei intensiver Reflektion das Gefühl gehabt haben: „Oh Gott, da kommt soviel hoch, wie soll ich das alles so schnell aufschreiben?". Andere haben Widerstände bei genauerem „Hindenken" in einzelne Bereiche erlebt und wiederum andere haben vielleicht nur kurze Gedanken aufblitzen sehen und kamen noch nicht näher an sich heran? Macht nichts, wir sind ja erst auf Seite 40!

In jedem Fall aber haben wir uns jetzt ein aufgefrischtes, „runderes" Bild von uns geschaffen. Wir lesen hier ja keinen Roman oder ein Märchenbuch sondern als Beobachter den aufregenden Tatsachenbericht unseres Lebens, der eine der Grundlagen für den erfolgreichen Umgang mit unserem weiteren Leben ist. Erst ein selbstehrliches, akzeptierendes und in Teilen auch vergebendes Verhältnis zu Situationen und Personen unserer Vergangenheit oder Gegenwart ermöglicht uns eine unvoreingenommene Konzentration auf wertvolle

Perspektiven unserer Zukunft, verbunden mit einem freien, weil unbelasteten Leben in der Gegenwart. Ohne weitere Verschwendung unserer Energie auf die Vergangenheit, mit der wir abgeschlossen haben. Wir haben das gewesene unter „Erfahrung" verbucht und abgelegt, unserer Zukunft zuliebe.

Dieses Kapitel war der Schritt dazu. In den folgenden ziehen wir noch ein paar positiv prägende Details unserer Vergangenheit hinzu, um uns dann ganz auf das Heute und die Chancen und möglichen Wege unserer Zukunft zu konzentrieren. Wir werden Manager unseres Lebens, wir betreiben „Life Management", die kluge Handhabung unseres Lebens – so wie ein guter Manager seinem Unternehmen zu einem langen und erfolgreichen Leben verhilft.

6) Meine individuellen Qualitäten

Jeder Mensch kann irgend etwas auf seine ganz besondere Art und Weise, die unnachahmlicher Teil seiner Persönlichkeit ist. Jeder Mensch entwickelt seine ganz individuellen, einmaligen Qualitäten, Talente und Fähigkeiten im Laufe seines Lebens. Auch wenn sie uns nicht immer bewusst sind, sie sind unser „i-Tüpfelchen" auf der Basis allgemeiner menschlicher Qualitäten, von denen wir irgendwo alle im Laufe unseres Lebens einmal Anteile übernommen haben und die in ihrer Ausprägung wiederum von Mensch zu Mensch verschieden sind. Sie sind der Beweis und der Garant nicht nur für unsere Überlebensfähigkeit, sondern auch für unsere Lebensqualität!

Ich bin mir sicher, wir werden im Rahmen der fortschreitenden Genforschung lernen, dass noch wesentlich mehr dieser beeinflussenden „Konditionen" bereits im Erbgut der Menschen festgelegt sind. Trotzdem erfolgt ihre endgültige Ausprägung und Entwicklung doch erst im Rahmen des „erlebten" Lebenslaufs, speziell der ersten maximal zwanzig Lebensjahre.

Wir beschäftigen uns in diesem Kapitel mit unseren ganz individuellen Qualitäten, die ich in zwei Kategorien eingeteilt habe:

1) Unsere eher „emotionalen" Qualitäten, die ich so genannt habe weil wir sie sozusagen „am Wegesrand" unseres Lebens entwickelt haben. Qualitäten, die wir im menschlichen Miteinander unseres sozialen Umfelds in einer speziellen Gesellschaft angenommen haben. Unabhängig von Leistungsdruck, finanziellem Interesse oder Wettbewerb.

2) Unsere eher „rationalen“ Qualitäten, so genannt weil sie eher Anteile kommerzieller Verwertbarkeit in sich tragen, in gewisser Weise materiell messbar sind und zum Teil auch einen wettbewerbsmäßig vergleichenden Charakter beinhalten.

Beim Vergleichen der Begriffe in den folgenden Tabellen werden wir das noch feststellen. Wichtig zur Bearbeitung beider Tabellen sind folgende Regeln:

Wir suchen uns die Qualitäten aus, die zu uns passen, also die wir uns zusprechen – auch wenn wir das eventuell noch nicht öffentlich bewiesen haben. Dabei sind wir großzügig, aber selbstehrlich. Wir sind hier niemandem Rechenschaft schuldig, außer uns selbst! Wichtig ist, ob wir Anteile dieser vor uns stehenden Qualität spontan in uns spüren? Nicht lange nachgrübeln, sonst zerstört unser Selbstzweifel leicht unsere Intuition!

Wir lesen einen Begriff und sobald wir ihn verstanden haben, erhalten wir einen Impuls: „Nein, bin ich nicht!“ oder „Ja, bin ich!“. Alle spontanen „Ja“ kreisen wir schnell ein – egal, wie viele! Haben wir einen Begriff inhaltlich nicht verstanden, können wir ihn notfalls im Fremdwörterbuch nachschlagen, aber eigentlich haben wir immer spontan irgendeine Eingebung zu jedem Begriff.

Die Listen sind dabei nur ein Angebot mit Begriffen die sich im Laufe der Zeit als praktisch herausgestellt haben. Einige Begriffe überschneiden sich inhaltlich vielleicht ein wenig. Macht nichts! Das liegt daran, dass dem einen dieser und dem anderen ein anderer Begriff eher sympathisch ist. Wichtig ist die Spontaneität der Entscheidung!

Wenn wir glauben, wir haben weitere Qualitäten, die hier nicht genannt sind, dann schreiben wir sie in den freien Feldern am unteren Seitenrand dazu. Noch Fragen? Nein? Gut! Jetzt wollen wir mal sehen, was alles so an (verborgenen) Werten in uns steckt! Viel Spaß!

Meine eher emotionalen Qualitäten

Ja, ich bin:

Ausgeglichen	Stabil	Spirituell	Eigensinnig
Akzeptierend	Treu	Mutig	Beschützend
Fürsorglich	Verständig	Großzügig	Geduldig
Sensibel	Mitfühlend	Interessiert	Rücksichtsvoll
Impulsiv	Vergebend	Herzlich	Liebevoll
Realistisch	Kreativ	Vorstellungsreich	Vorstellungs-stark
Spontan	Ehrlich	Harmonisch	Natürlich
Musikalisch	Spielerisch	Beweglich	Romantisch
Sicher	Intuitiv	Entspannt	Lebhaft
Wissend	Hilfreich	Außergewöhnlich	Humorvoll
Neugierig	Redefreudig	Vorsichtig	Kraftvoll
Fröhlich	Charmant	Zärtlich	Einmalig
? ____________	? ____________	? ____________	? ____________

Meine eher rationalen Qualitäten

Ja, ich bin:

Anpassungsfähig	Antriebsstark	Ausdauernd	Begeiste-rungsfähig
Beharrlich	Besonnen	Organisiert	Diploma-tisch
Diskret	Durchsetzungs-fähig	Analytisch	Effektiv
Entschlussfreudig	Flexibel	Korrekt	Gründlich
Innovativ	Kompetent	Kontaktfreudig	Kooperativ
Kostenbewusst	Kultiviert	Leistungs-orientiert	Lernfähig
Loyal	Methodisch	Team-orientiert	Pünktlich
Sachkundig	Schnell arbeitend	Selbständig	Vernünftig
Sorgfältig	Taktvoll	Überlegt	Unermüdlich
Verantwortungs-voll	Zuverlässig	Vielseitig	Weitsichtig
Logisch	Aufgeschlossen	Praktisch	Energisch
Verbindlich	Rationell	Höflich	Fair
? ____________	? ____________	? ____________	? ____________

Alle „geheimen" Qualitäten eingekreist? Mutig und selbstehrlich gewesen? Nichts wieder weggestrichen, was wir in erster Euphorie eventuell eingekreist haben, bis uns dann wieder der Mut verlassen hat und wir uns selbst kleingemacht haben, weil andere uns vielleicht nicht so sehen würden? Noch mal genau überprüfen: Was bin ich? Wir dürfen ja alles einkreisen, was irgendwie auf uns zutrifft. Das Buch wird uns deswegen nicht beißen, wir sind hier im Vorstellungsgespräch bei uns selbst!

Wenn wir uns dann also sicher sind alles richtig gemacht zu haben, wenn wir mit einem guten Bauchgefühl aus dieser Aufgabe gehen. Dann wollen wir das auch tun. Wir kommen später auf diese Seiten zurück! Das war nicht einfach nur ein Einkreisspiel um uns ein paar schöne Momente zu gönnen. Wir arbeiten damit später noch weiter und gehen mehr in die Tiefe, aber wir wollen uns zunächst noch andere Bereiche ansehen. Deshalb beschäftigen wir uns jetzt zunächst mit weiteren Feldern unserer Persönlichkeit im Rahmen unserer Berufung und dem, was wir wirklich machen sollten um langfristig glücklich zu werden.

Ein Wort aus den beiden vorausgegangenen Tabellen hat allerdings hoffentlich jeder eingekreist? Sonst muss ich noch etwas Nachhilfe in „sich selbst gut finden" geben! Schnell noch einmal nachgucken, was könnte gemeint sein? Was hat er am Anfang des Kapitels noch geschrieben?

Richtig: E I N M A L I G !

Diese Tatsache ist vielen nicht bewusst oder fast peinlich. Viele Menschen fühlen sich überhaupt nicht so und noch schwieriger wird es, wenn es darum geht, diese Einmaligkeit auch jedem anderen zuzugestehen. Versucht einfach mal, daran zu glauben. Wer daran langfristig nicht glauben kann, gibt ein Stück Freiheit auf. Je bewusster Ihr Euch dieser Tatsache werdet, desto sicherer werdet Ihr mit ihr – und mit Euch – umgehen. Falls nicht eingekreist, jetzt sofort entschlossen einkreisen, das „Einmalig" auf der Zunge zergehen lassen und sich einfach mal nur gut dabei fühlen! Wir kommen zum nächsten wichtigen Feld unserer Persönlichkeit.

7) Meine individuellen Bedürfnisse

Um unsere individuellen Qualitäten voll nutzen zu können, müssen natürlich auch individuelle Bedürfnisse befriedigt werden. Wenn wir erfolgreich bei der Formel Eins mitfahren wollen, dann nützt es nichts, mit einem Trecker anzukommen, auch wenn wir die beste Autofahrerin oder der beste Autofahrer der Welt sind. Es müssen Basisbedingungen erfüllt sein, um ein halbwegs befriedigendes Ergebnis zu erzielen. Wir müssen nämlich mindestens ein Formel Eins taugliches Fahrzeug haben. Was wir dann daraus machen und wie gut es funktioniert, ist eine Mischung aus Übung, Talent, Feinabstimmung verschiedener technischer Details und nicht zuletzt auch Glück. Klar, wir können aus einer gegebenen Situation das beste machen – und einige sind sogar spitzenmäßig darin, wenn ich mir manche Lebenssituation angucke – aber wir werden nie ganz das schaffen oder erfahren können, was uns wirklich möglich ist, wenn die Grundbedingungen dazu nicht gegeben sind.

Das hat nicht nur mit materiellen Bedürfnissen zu tun. Wir werden sehen, dass es oft ganz andere Bedürfnisse sind, die als Basis eines zufriedenen Lebens dienen. Materielle Zufriedenheit ist eigentlich immer ein automatisch folgender Umstand einer ganzheitlichen Zufriedenheit von Körper, Geist und Seele. Extreme materielle Bedürfnisse und deren Exhibition weisen klar auf unerfüllte immaterielle, also spirituelle und emotionale Sehnsüchte hin.

In der folgenden Tabelle kreisen wir also nach dem gleichen Schema unsere Bedürfnisse ein, die erfüllt sein müssen um unsere Qualitäten voll in unserem Sinne zur Geltung bringen und um uns ganz und gar wohl fühlen zu können. Wir fragen uns: Was muss erfüllt sein, damit ich sicher sein kann, das ist eine Situation in der ich mich voll entfalten und langfristiges Glück erfahren kann? Bitte selbstbewusst und spontan einkreisen!

Meine individuellen Bedürfnisse

Ja, ich brauche:

Liebe	Weisheit	Spaß	Harmonie
Glauben	Bestätigung	Ehrlichkeit	Phantasie
Gesundheit	Schönheit	Ausgeglichenheit	Vertrauen
Gerechtigkeit	Geduld	Treue	Spontaneität
Verpflichtung	Integration	Macht	Spannung
Humor	Kreativität	Schutz	Freiheit
Gesellschaft	Führung	Verständnis	Frieden
Familie	Intimität	Verantwortung	Sensibilität
Exklusivität	Natürlichkeit	Herzlichkeit	Wärme
Licht	Wissen	Fruchtbarkeit	Organisation
Stabilität	Bewunderung	Energie	Großzügigkeit
Erotik	Disziplin	Romantik	Stille
? ______	? ______	? ______	? ______

Auch hier gilt wieder das Prinzip der Ehrlichkeit uns selbst gegenüber, aber dieses Mal auch das Prinzip der Bescheidenheit. Bitte nicht Papis zickige Prinzessin auf der Erbse, die frustrierte Diva oder Muttis Liebling spielen und gnadenlos alles einkreisen, was wir im Frust zur schnellen Selbstbefriedigung brauchen, nur um es zu haben. Genau überlegen: Was brauche ich denn eigentlich wirklich, um Glück zu empfinden?

Es geht nicht darum, materielle Voraussetzungen zu schaffen, damit wir überhaupt erst anfangen Interesse, Richtung oder gar Leistung zu zeigen. Das müssen wir vorher schon für uns klären, denn niemanden interessiert es ob wir uns nun gerade selbst verwirklichen wollen. Schon gar nicht, wenn wir für jemand anderen arbeiten, den wir als Erfüllungsgehilfe auf seinem Weg zur Erfüllung seines Lebenskonzepts unterstützen. Nein, hier geht es darum herauszufinden, wie wir denn glauben, dass unser optimales Umfeld aussehen könnte, also wohin wir uns entwickeln wollen? Für welchen zu erreichenden Zustand es sich lohnt, zu arbeiten? Wo und für welches Ziel wir unser Talent einsetzen wollen?

Wenn wir uns möglichst genau vorstellen können, wie unser ideales Zielgebiet aussehen muss, bekommen wir einen weiteren Faktor für mehr Klarheit, Richtung und natürlich auch die Motivation zum Aufbruch dorthin geliefert. Dann haben wir etwas, an das wir glauben können und das ist der erste Schritt, um etwas zu erreichen. Viele erreichen so auch eine durchaus befriedigende Atmosphäre in ihrem jetzigen Job oder ihrem sonstigem sozialen Umfeld. Einfach deshalb, weil sie nicht nur darüber nachgedacht haben, was sie nicht wollen, sondern darüber, was sie wollen und so klarer und freier im Kopf sind!

Wir lassen also nach mutiger, spontaner und selbstehrlicher Einkreisarbeit auch dieses Kapitel zunächst hinter uns und kommen zum letzten großen Feld unser Persönlichkeitsanalyse durch den Coach, der uns am besten kennt (heute schon in den Spiegel geguckt?). Jetzt geht es um greifbare Daten zum Sammeln.

8) Meine individuellen Fähigkeiten

Wie bereits in den vorhergehenden Kapiteln folgt jetzt eine weitere, letzte Einkreis-Runde. Wir wollen ja so nahe an uns herankommen, wie möglich. Deshalb beschäftigen wir uns nun mit drei verschiedenen Feldern unserer individuellen Fähigkeiten und Interessengebiete. Denn über unsere rein menschlichen Qualitäten und Bedürfnisse hinaus haben wir eben auch weitere Kenntnisse, Talente und Fähigkeiten im Laufe unseres Lebens erworben, die wir vielleicht bewusst gar nicht mehr parat, weil aus irgend einem Grunde, zu bestimmter Zeit als unwichtig empfunden und verdrängt haben? Es kann sein, dass wir einige der unser Lebensglück entscheidenden Expertisen sogar bereits im frühen Kindesalter ausgeprägt haben, in einer Phase in der wir eher von Spaß-orientiertem als von „rational" ausgerichtetem Handeln geleitet wurden. Eventuell halten wir diese Erfahrungen für unwichtig oder nebensächlich, weil andere Menschen die wir als wichtige Meinungsträger oder Vorbilder erachten oder erachteten uns vielleicht gesagt haben: „Vergiss es!" oder „Bist Du nicht!", weil sie andere, für sie negative Ergebnisse aus ähnlichen Erfahrungen gemacht haben? Oder wir spüren Fähigkeiten in uns, konnten aber bisher noch nichts mit ihnen anfangen, wussten nicht, wo oder wie wir sie einsetzen sollten, wozu sie überhaupt gut oder wichtig sein sollten?

Wir haben im folgenden drei weitere Tabellen zu den Themen:

a) Materialien oder Dinge,
b) Informationen oder
c) Menschen.

Grundsätzlich verfahren wir wieder nach dem gleichen Prinzip mutiger, ungezwungener Selbstehrlichkeit, wie gehabt. Wenn wir Begriffe vermissen, setzen wir gerne eigene hinzu. Allerdings unterscheiden sich die Themen etwas und ich erkläre das Vorgehen zu jedem Gebiet deshalb vorher im Einzelnen:

a) Materialien oder Dinge

Wir suchen uns aus den gegebenen Begriffen diejenigen aus, die uns in irgendeiner Form ansprechen – auch wenn wir noch nicht damit gearbeitet oder uns sonst wie aktiv oder bewusst damit beschäftigt haben. Es geht im Zweifelsfall darum, was uns spontan gefällt, womit wir uns gerne beschäftigen würden, wo wir uns Talent oder womit Freude am Umgang zusprechen würden. Haben wir uns schon damit befasst und entscheiden wir aus Erfahrung – umso besser!

b) Informationen

Hier geht es darum, wie wir am liebsten Informationen und Kenntnisse verarbeiten, also aufnehmen, erlangen oder weitergeben wollen. Egal, ob wir das so schon erlebt haben oder nicht! Was spricht uns spontan an? Bitte hier genau auf die Begriffe eingehen und fein unterscheiden. Speziell die letzten zwölf Informationsarten sind in ihrer Aussage etwas ungewöhnlich. „Lösung zu Problem" bedeutet zum Beispiel: Eine Information als Lösung zu einem Problem zu erhalten, das heißt der wesentliche Anteil hier ist die Tatsache, dass ein Problem gelöst ist, über die Methode oder Richtigkeit ist aber damit noch keine Aussage gemacht. Wir müssen hier versuchen, einfach nur den Kern der Aussage – ohne große Interpretation – zu bewerten und uns die Phrasen herauspicken, die uns sinngemäß ansprechen. Irgend eine Assoziation hat ja jeder beim Lesen dieser Phrasen.

c) Menschen

Welche Menschengruppen interessieren uns grundsätzlich? Das heißt nicht, das wir unser gesamtes (Privat-) Leben mit Ihnen verbringen wollen oder sollen! Mit welcher Art Menschen wollen wir gerne arbeiten (Wenn wir für jemanden arbeiten, dann arbeiten wir auch mit ihm). Bitte in allen drei Tabellen alles ansprechende mutig einkreisen!

Notizen:

a) Dinge oder Materialien

Ja, das spricht mich an:

Papier	Zahlen	Holz	Metall
Wertpapiere	Kunststoffe	Textile Stoffe	Leder
Wasser	Erde	Pflanzen	Chemikalien
Maschinen	Werkzeug	Spielzeug	Ausrüstungen (Equipment)
Geld	Möbel	Computer	Farben
Baumaterialien	Kleidung	Haushaltsartikel	Wäsche
Schmuck	Antiquitäten	Haushaltsgeräte	Kosmetika
Medikamente	Elektrizität	Tiere	Lebensmittel
Pflanzen-produkte	Energie	Schuhe	Elektronik
Elektronik-Kom-ponenten	Audio-Medien	Video-Medien	Print-Medien
Unterhaltungs-medien	Musikalien	Telekommunika-tion	Informations-medien
Lehrmittel	Sportartikel	Menschen	Transportgeräte
? ____	? ____	? ____	? ____

b) Informationen

Ja, so mag ich Informationen verarbeiten:

Bücher	Magazine	Zeitungen	Kataloge
Handbücher	Aufzeichnungen	Fachliteratur	Video-Informationen
Audio-Informationen	Computer-Ausdrucke	Live-Seminare	Live-Work-shops
Geführte Kurse	Statistiken	Gutachten	Studien
Umfragen	Fakten (Zahlen)	Geschichtsdaten	Symbole
Untersuchungen	Meinungs-forschung	Übersichten	Anleitungen
Grundlagen	Materielle (Muster)	Geistige (Beispiele)	Basis (Grundwerte)
Standards	Organisationen	Systeme	Programme
Methoden	Techniken	Prozeduren	Analysen
Anwendungsprinzipien	Praktische Empfehlungen	Politische Empfehlungen	Zielprojektion
Objektivität zum Thema …	Lösung zu Problem …	Annäherung an Wahrheit …	Planung von Projekt …
Taktische Bedeutung für? ________	Befähigung zu? ________	Entkräftung von? ________	Kontrolle über? ________

c) Menschen

Ja, diese Menschengruppen interessieren mich:

Männliche	Weibliche	Beide (m + w)	Alle Altersgruppen
Jugendliche	Studenten	Junge Erwachsene (ca. 20 – 30 Jahre)	„Mit-Dreißiger" (ca. 30 – 40 Jahre)
„Mittelalte" (ca. 40 – 50 Jahre)	Ältere (ca. ab 50 Jahre)	Rentner/ Pensionäre	Alle, egal welche sexuelle Neigung
Heterosexuelle	Homosexuelle	Alle, egal welcher „Background"	Spezieller Background
Arbeiter	Angestellte	Führungskräfte	Selbständige
„einfache" Menschen	„schwierige" Menschen	Babys	Kleinkinder
Kleine Gruppen (<10)	Große Gruppen (>10)	Arme	Schwache
Reiche	Mächtige	Beamte	Militärs
Körperbehinderte	Geistig Behinderte	Generell Kranke	Süchtige
Ungebildete	Unsportliche	Dicke	Gestresste
Religiöse	Misshandelte	Beziehungsgestörte	Finanziell Gestörte
Väter? ____	Mütter? ____	Verheiratete? ____	Singles? ____

Und wieder die Frage an uns selbst: Habe ich alles selbstehrlich und spontan eingekreist, mich keiner Euphorie durch allzu langes Grübeln beraubt? Bin ich wirklich meiner ganz eigenen Meinung gefolgt, nach dem Schema: Es ist egal, was ich hier einkreise, alles wird gleich gut bezahlt oder gar nicht und ich brauche mir keine Sorgen zu machen ob ich damit überhaupt „einen Job" bekomme. Ich brauche mich hier vor niemandem zu rechtfertigen außer vor mir selbst. Es geht nur darum, was mir am meisten Spaß machen würde, wenn ich es mir selbst aussuchen könnte, ohne von materiellen Abhängigkeiten, von Neid, Missgunst, Unverständnis oder sonstigen existenziellen Fragen abhängig zu sein. Es ist alles da, ich muss nur zugreifen um glücklich zu werden. Wenn ich dabei feststelle, dass ich einiges schon so mache, umso besser für mich. Das bedeutet, ich bin auf dem richtigen Weg.

Dabei ist das Buch kein Kritiker oder Vorgesetzter, sondern nur Mittel zum Zweck. Speisekarte und Grillkohleanzünder zum wohlschmeckendem Barbecue unserer bunten Grillplatte aus Qualitäten, Bedürfnissen, Talenten und Fähigkeiten. Diese Tatsache müssen wir uns immer wieder bewusst machen. Wir machen hier einen Betriebsausflug in eigener Sache. Andere holen sich dafür den Guru ins Haus oder fahren mit Trainern auf selbstgebastelten Flößen, mutmachende Lieder mit ihren Abteilungsleitern singend, durchs Wildwasser um sich seinem Arbeitgeber als erhaltenswert und „teamfähig" zu präsentieren. Wir lesen einfach mal ein Buch und wissen, es gibt hier nur einen den wir beschummeln können. Ich weiß, Ihr ahnt es … .

Doch nun genug des Kreisens. Wir wollen langsam vom Tausendsten ins Hundertste kommen und Ballast abwerfen. Den Suppenknochen mal auskochen, um die Essenz für unsere ganz persönlich abgeschmeckte Kraftbouillon mitzunehmen, damit wir leicht in die richtige Richtung gehen können. Spitzenköche – ab in die Küche!

9) Meine Hauptstärken und Fähigkeiten

Schon mal was von „Fokussieren" gehört? Genau, wir stellen unseren Blick jetzt mal scharf und bündeln unsere Energie an den entscheidenden Stellen. Natürlich tragen wir Alle Anteile aller hier vorher genannten Qualitäten und Bedürfnisse in uns und wir haben auch zu vielen Begriffen in jeder der drei Fähigkeiten-Tabellen irgendein sympathisches Gefühl. Der eine wieder mehr hiervon, der andere mehr davon, wie bereits geschildert. Das Problem der meisten Menschen ist jedoch, dass sie so viele verschiedene Qualitäten in sich vereinigt haben und gerade deshalb gar nicht wissen, was sie damit wo und wie anfangen sollen.

Viele ahnen vielleicht gerade noch, was sie nicht wollen, denn mit Negativbeispielen zu allen Lebenssituationen werden wir ja täglich massiv durch die Massenmedien bearbeitet. Was sie selbst aber am besten können, auch wirklich wollen und wie sie am besten dahin kommen das auch zu tun, ist und bleibt den meisten vollkommen unklar. Sie reagieren nur aber agieren nicht. Wir sind gerade dabei, diesen Zustand zu ändern!

Leider kenne ich zwar die meisten meiner Leser nicht persönlich, aber eines weiß ich trotzdem genau: Wer sich offen und intensiv mit sich selbst und dem bisher gelesenen beschäftigt hat, ist dadurch bereits kreativer und selbstbewusster geworden. Jetzt sitzen wir zwar vor einem großen Haufen eingekreister Wörter und halten uns vielleicht für kaum schlauer als vorher, das wäre jedoch ein Irrtum. Wir haben nämlich das Gesamtpaket der Möglichkeiten schon mal deutlich zusammengestrichen. Wir sind ein Stück klarer geworden, haben so Profil gewonnen und uns spezielle Qualitäten überhaupt erst einmal wieder zurück ins Bewusstsein geholt, in den Arbeitsspeicher sozusagen, um sie für unsere weiteren Aktivitäten verfügbar zu haben.

Wenn wir aber auf möglichst geradem Wege in Richtung unserer persönlichen „Sonnenseite" marschieren wollen, dann sollten wir das auch mit möglichst leichtem Gepäck tun um unsere Reserven zu schonen. Wir streichen also weiter „gnadenlos" zusammen. Aus jeder der vorher angekreuzten sechs Tabellen konzentrieren wir uns nun auf unsere neun am stärksten ausgeprägten Qualitäten, Bedürfnisse oder Fähigkeiten. Dabei wägen wir genau gegeneinander ab:

Welche Qualität ist mir persönlich momentan wichtiger, worauf will ich mich eher konzentrieren? Welches persönliche Bedürfnis ist zu diesem Zeitpunkt größer, um eine wichtigsten Qualitäten optimal zu nutzen? Welche meiner persönlichen Fähigkeiten sind am ausgeprägtesten und damit am naheliegendsten um langfristige Zufriedenheit zu erlangen?

Diese neun nehmen wir jeweils mit, was nicht bedeutet, dass wir die anderen nicht mehr haben. Wir wollen uns nur jetzt nicht damit belasten, weil wir uns zunächst einmal auf einfachste Art, wie ein Laserstrahl, auf kürzestem Wege und hochkonzentriert auf unsere Ziele zu bewegen wollen. Alles klar? Also alle Tabellen auf unsere neun stärksten oder die uns wichtigsten Attribute zusammenstreichen! Nur diese nehmen wir mit und schreiben sie in die entsprechenden Felder auf den folgenden Seiten.

Sollte jemand in einer Tabelle nicht mehr als neun Begriffe eingekreist haben so ist das kein Problem, es kann verschiedene Gründe haben. Entweder hier ist schon ein recht klares Selbstbild mit einer gezielten Interessenlage vorhanden. Das sind zum Beispiel Menschen, die sich sehr intensiv für wenige Themen interessieren, daher aber insgesamt weniger Felder beschreiten, weil sie bereits ausgelastet sind. Ich nenne sie die „Tiefenmenschen". Sie stehen im Gegensatz zu den „Flächenmenschen", die mehr Interessensgebiete haben, aber sich dort nicht so intensiv und detailliert auskennen. Beide sind gleichwertig, nur eben anders. Ähnlich wie hohe schlanke

Bäume ja oft lange, tiefe Wurzeln graben und weitausladende Bäume eher entsprechend flache Wurzeln in die Breite treiben um Halt zu finden.

Haben wir in mehreren Tabellen immer nur neun, zehn oder gar weniger Begriffe eingekreist, dann können wir uns allerdings die Frage stellen, ob wir wirklich mutig genug gewesen sind? Ob wir wirklich alles eingekreist haben, was uns zumindest interessiert? Möglich ist nämlich auch, das wir – durch welche Erlebnisse auch immer – so „zu" sind, dass wir es nicht wagen oder auch gar nicht sehen, was wir eigentlich alles könnten. Was eigentlich alles möglich wäre in einem erfüllten Leben, weil wir es eventuell nie erfahren haben. In diesen Fällen ist es hilfreich, sich die Frage zu stellen welche Lebensumstände unserer Vergangenheit uns vielleicht dazu gebracht haben könnten, uns bestimmte Gefühle oder Situationen nicht zuzubilligen, um uns dann gleichfalls darüber klar zu werden das allein die Tatsache, dass unsere Vergangenheit diese Angebote nicht für uns bereithielt nicht Bedingung dafür ist, dass das auch in unserer Zukunft so sein muss, die wir ja ab sofort mitbestimmen können.

Wir wären sonst nicht in dieser Situation, in der wir über unser Leben in der Vergangenheit und in der Zukunft offen und kreativ nachdenken, hätten zum Beispiel auch nicht Gelegenheit gehabt, an dieses Buch zu gelangen. Irgend etwas muss sich also bereits vorher in unserem Denken verändert haben, dass uns dazu motiviert hat. Spätestens uns selbst zuliebe sollten wir die negativen Erlebnisse der Vergangenheit daher jetzt zumindest „beiseite" zu legen und versuchen, uns einfach einmal selbst mehr zu lieben, zu respektieren und uns etwas zu gönnen – auch wenn wir damit noch keine oder wenig Erfahrungen haben. Freude braucht Erfahrung, Zeit und Routine. Die Denkrichtung ist entscheidend!

Noch einmal zur Erinnerung. Wir streichen alle vorher eingekreisten Begriffe aus den sechs Tabellen auf unsere neun stärksten oder die uns wichtigsten Begriffe zusammen. Nur diese nehmen wir mit und schreiben sie in die folgenden Felder.

Hier sind meine 9 eher emotionalen Haupt-Qualitäten:

______________ ______________ ______________

______________ ______________ ______________

______________ ______________ ______________

Hier sind meine 9 eher rationalen Haupt-Qualitäten:

______________ ______________ ______________

______________ ______________ ______________

______________ ______________ ______________

Hier sind meine 9 individuellen Haupt-Bedürfnisse:

______________ ______________ ______________

______________ ______________ ______________

______________ ______________ ______________

Hier sind meine 9 bevorzugten Dinge oder Materialien:

__________ __________ __________

__________ __________ __________

__________ __________ __________

Hier sind meine 9 bevorzugten Informationsarten:

__________ __________ __________

__________ __________ __________

__________ __________ __________

Hier sind die 9 von mir bevorzugten Menschengruppen:

__________ __________ __________

__________ __________ __________

__________ __________ __________

So, jetzt haben wir die Kreise schon enger gezogen. Langsam erscheinen im Spiegel Ansätze von Konturen einer klaren Persönlichkeit. Allerdings wissen wir noch nicht genau, welcher Mensch sich dahinter verbirgt und welches seine besten Eigenschaften sind. Wir können es nur ahnen, obwohl uns der Autor schon so gequält hat. Trotzdem müssen wir noch ein bisschen durchhalten!

Wieder zur Erinnerung, es geht nicht darum, vorher ermittelte Qualitäten über Bord zu werfen. Es geht nur um Konzentration auf das wesentliche, um Marscherleichterung auf unserem Weg zu einem lohnenswerten Ziel das da heißt: Wir haben ein klares Selbstbild, wir wissen warum wir machen, was wir heute machen, wir akzeptieren das und wissen, warum wir heute hier sind. Aber, wir wissen auch, wo wir – zumindest nach heutigem Erkenntnisstand – einmal hin wollen, hin könnten oder hin sollten, wenn wir mehr Spaß und mehr Leichtigkeit, mehr Lebensglück auf unserem ganz eigenen Weg erfahren wollen. Wenn wir einfach mehr unser „eigenes Ding" machen wollen.

Ihr glaubt wir sind schon soweit? Noch nicht ganz! Wir werfen noch mehr Ballast ab und reduzieren auf unsere drei dominanten Hauptstärken, die wir in sorgfältiger Abwägung (was ist mir wichtiger?!) in die nachfolgenden Felder eintragen.

Gleichzeitig nehmen wir eine Bewertung unserer Auslese vor (wenn wir es nicht ohnehin schon getan haben), denn jetzt suchen wir nach dem offensichtlichsten Merkmal unserer Persönlichkeit:

1) in der folgenden Tabelle ist meine Haupt-Qualität aus jedem der beiden Bereiche beziehungsweise mein Haupt-Bedürfnis!
2) ist meine zweitstärkste und
3) meine drittstärkste Qualität oder mein Bedürfnis.

Wir kommen an die Essenz eines einmaligen Menschen. Das ist praktische Selbstfindung. Liebe Talent-Scouts, Ihre Bewertung bitte!

Von meinen eher emotionalen Haupt-Qualitäten sind drei dominant. Ich bin am ehesten:

1): ____________________
(am stärksten ausgeprägt)

2): ____________________
(am zweitstärksten ausgeprägt)

3): ____________________
(am drittstärksten ausgeprägt, und so weiter in der nächsten Rubrik)

Von meinen eher rationalen Haupt-Qualitäten sind drei dominant. Ich bin am ehesten:

1): ____________________

2): ____________________

3): ____________________

Von meinen Haupt-Bedürfnissen sind drei dominant. Ich brauche am ehesten:

1): ____________________

2): ____________________

3): ____________________

Von meinen bevorzugten Dingen oder Materialien sind drei dominant. Ich mag am liebsten:

1): ______________________________

2): ______________________________

3): ______________________________

Von den von mir bevorzugten Informationsarten sind drei dominant. Ich mag am liebsten:

1): ______________________________

2): ______________________________

3): ______________________________

Von den von mir bevorzugten Menschengruppen sind drei dominant. Mich interessieren am ehesten:

1): ______________________________

2): ______________________________

3): ______________________________

Geschafft! Es mag manchem zu aufwendig erscheinen, aber es ist ganz wichtig, dass wir hier in mehreren Schritten vorgegangen sind. Wer will kann sogar zwischendurch auf einem Extrablatt zunächst auf fünf aus neun reduzieren. Die Erfahrung zeigt, dass das Ergebnis treffender ist, wenn in mehreren Schritten reduziert wird. Bei einer Auslese aus bis zu vierzig Merkmalen sofort in einem Schritt auf drei herunter zu reduzieren, führt zu Ungenauigkeiten. Dabei geht leicht der Überblick und damit ein befriedigendes Ergebnis verloren, weil zwischen zu vielen Begriffen abgewogen werden muss. Wir wollen es ja schließlich genau wissen und nicht nur schnell. Soviel Zeit müssen wir uns nehmen. Wir sind ja hier mitten im Leben und nicht bei irgendeiner Arbeitsvermittlung. Davon wollen wir ja gerade weg!

10) Zwischenbilanz: „Alles auf einen Blick“

Aus fast dreihundert Persönlichkeitsmerkmalen der Gebiete menschlicher Qualitäten, Bedürfnisse, Talente und Fähigkeiten haben wir in mehreren Schritten ein klares Profil unserer achtzehn typischen Charakteristika herausgewaschen, die unsere Individualität im Besonderen ausmachen. Wir haben uns auf diejenigen konzentriert, die uns momentan wirklich wichtig sind, die uns stark interessieren oder die vielleicht sogar schon Bestandteil unseres Erfolgs im Leben waren.

Um diese Ergebnisse unserer geleisteten Arbeit noch übersichtlicher zu gestalten, fassen wir sie jetzt auf der folgenden Seite zusammen. Außerdem kreisen wir das Gebiet, welches uns am meisten interessiert, also das, wo wir die gebündelte „Power“ unserer besten Eigenschaften am liebsten einsetzen und ausleben wollen, fett ein!

Wer sich dabei nicht ganz sicher ist, dem hilft ein Rückblick: Wo habe ich besonders viele Begriffe eingekreist? Welches Gebiet habe ich mit besonderer Leichtigkeit bearbeitet? Wo konnte ich besonders viel Phantasie entwickeln? So erhalten wir zum jetzigen Zeitpunkt unseres Lebens ein eindeutiges Bild unserer ganz eigenen Persönlichkeit. Fragt uns heute jemand wer wir sind, dann haben wir klare Antworten! Manche schaffen das ihr ganzes Leben lang nicht!

Der vorige Abschnitt wurde bewusst mit viel vergleichender Denk- und Schreibarbeit aufbereitet, denn mit jeder Beschäftigung mit der Materie und den herausgearbeiteten Begriffen prägen sich diese tiefer in unser Bewusstsein. Gleichzeitig hatten wir reichlich Gelegenheit, uns beim Abwägen wirklich über unsere persönlichen Vorlieben und Eigenschaften abseits einer kommerziellen Bewertung klar zu werden. Dabei konnten wir frei wählen ohne dass uns ein spezielles qualitatives Ziel vorgegeben wurde, weil es hier ja nur um spontane Freude und individuelle Neigungen geht. Nur so erfolgt eine freie Entwicklung!

Es folgt unsere Zwischenbilanz, unser Steckbrief, „WANTED“.

Meine eher emotionalen Haupt-Qualitäten:
Ich bin ...

1)	2)	3)
(stärkste)	(zweit ...)	(dritt ...)

Meine eher rationalen Haupt-Qualitäten:
Und ich bin ...

1)	2)	3)
(stärkste)	(zweit ...)	(dritt ...)

Meine Haupt-Bedürfnisse:
Am wichtigsten sind mir dazu ...

1) 2) 3)

Dinge/Materialien:
Ich beschäftige mich am liebsten mit ...

1) 2) 3)

Informationen:
Informationen verarbeite ich am liebsten als ...

1) 2) 3)

Menschen:
Und ich arbeite am liebsten mit (oder für) ...

1) 2) 3)

Das Gebiet folgende Gebiet interessiert mich am meisten:

O Dinge/Materialien
O Informationen
O Menschen

Hier konzentriere ich meine Energie!

Datum/Unterschrift: ______________________________

Diese ausgefüllte Zwischenbilanz machen wir mindestens mit einem „Eselsohr" im Buch kenntlich, ziehen sie aber besser über den Kopierer und bewahren sie an einem Ort, der häufig von uns frequentiert wird (Nachttisch, Badezimmerspiegel, Kühlschrank), auf, um ihn als Gedächtnisstütze leicht greifbar zu haben. Je nach Lebenssituation natürlich nicht provokativ und für jeden sichtbar, sondern dezent – für uns!

Wir haben hier ein Manifest geschaffen. Eine grundsätzliche Offenbarung aus unsrer heutigen Lebensperspektive und ich empfehle durchaus, zumindest unsere Haupt-Qualitäten mit in unseren tabellarischen Lebenslauf oder in engagierte Bewerbungsschreiben einfließen zu lassen. Dort, wo es darum geht, ein Bild des Menschen hinter den „technischen Daten" zu vermitteln, bieten wir so schon mal weit mehr als den profillosen, sich willig anbiedernden „Erfüllungsgehilfen". Die Macht des gesprochenen Wortes unterstützt uns hier, in unserem Trainingslager, bevor wir unsere noch frischen Erkenntnisse unsicher an die Öffentlichkeit tragen. Manifestieren ist ein wichtiger Teil des komplexen Erkenntnisprozesses, in dem wir gerade mittendrin sind.

Zunächst einmal suchen wir uns daher den nächsten Spiegel und lesen uns selbst den Inhalt unserer Zwischenbilanz l a u t vor: „Ich bin ... und ich bin ... Am wichtigsten sind mir dazu ... Ich beschäftige mich am liebsten mit ... Informationen verarbeite ich am liebsten als ... und ich arbeite am liebsten mit (oder für) ... !"

Geht das glatt über die Zunge? Kommt das überzeugend bei uns an? Stehen wir auch zu dem, was wir da sagen? Sind wir das oder glauben wir zumindest, dass das ein erstrebenswerter Zustand für uns ist – wenn nur wir zu entscheiden haben? Wer sich nicht sicher ist, fängt von vorne an, bis das Ergebnis stimmt. Alle anderen machen den nächsten Schritt und wissen:

Positives Denken bedingt positives Handeln bedingt positive Erfolge!

„Spieglein, Spieglein an der Wand, ... ". Überprüft Euch!

11) Reflektion und Selbstbestätigung

Wer nicht an die hier übermittelten, zum Überdenken angebotenen Weisheiten und Methoden glauben will, dem können sie natürlich auch nicht nützlich sein. Die anderen aber, die mittlerweile ein Gefühl dafür bekommen haben wo diese Reise hingehen kann, ziehen weiter, die Zwischenbilanz als eigenen Steckbrief in der Tasche, und liefern sich jetzt noch einen Beweis für das, was sie vorher über sich herausgefunden haben.

Dieser Beweis dient einerseits dazu, unsere vorherigen Ergebnisse erneut zu überprüfen und idealer weise zu bestätigen, um so unseren Glauben daran weiter zu festigen. Andererseits dienen seine Manifestation und Dokumentation zugleich der Affirmation, der positiven Bekräftigung unseres Handelns zum Erreichen unserer angestrebten Ziele. Alles zusammen wiederum wirkt als weitere Selbstbestätigung zur Erlangung unseres neuen Selbstwertgefühls. „Sich selbst Mut machen", auch das ist ein wichtiger Bestandteil zum Erreichen von Zielen!

Zu den drei bereits von uns benannten, dominanten Haupt-Eigenschaften aus den sechs Feldern unserer Persönlichkeit schreiben wir nun also noch den bestätigenden Beweissatz auf, der an irgendeiner Situation aus unserem Leben festmacht, dass wir diese stärksten benannten Eigenschaften auch wirklich verkörpern. Dabei müssen wir diese Aufgabe zumindest für unsere jeweils stärkste Qualität oder Eigenschaft (#1) aller sechs Kategorien erfüllen. Wenn wir auch für die zweit- und drittstärksten Eigenschaften bestätigende Sätze finden – umso besser für unsere Sicherheit im Umgang mit ihnen.

Es geht dabei nicht so sehr darum, einen wohlgeformten Satz zu bilden, sondern die tiefergehende Logik muss vorhanden sein. Der Beweis-Satz ist hier eher eine Gruppe, ein Set logischer Folgerungen. Die Einleitung zu jeder Eigenschaftsbestätigung steht voran, es folgen die individuelle Qualität, unser Beweis-Satz und ein Fazit. Nehmt Euch Extra-Papier, um Eure Gedanken zunächst grob zu formulieren und dann zu kürzen und zu präzisieren.

Logische Folgerungen aus Situationen unserer Vergangenheit, bis eine für uns glaubhafte, klar gegliederte Beweiskette vor uns liegt, zu ziehen, darum geht es hier. Es müssen keine großen Taten gewesen sein, die uns als Beweise dienen. Oftmals sind diese Situationen einfacher als wir denken, weil sie uns selbstverständlich erscheinen. Vielleicht aber machte genau unsere einmalige Denk- oder Handlungsweise hier den Unterschied aus, der unseren besonderen Wert darstellt? Es muss sich bei unseren Beweissätzen noch nicht mal in jedem Falle um wirklich ausgeführte Aktionen handeln. Vereinzelt können es auch Beispiele sein, in denen wir eigentlich lieber anders gehandelt hätten als wir es wirklich getan haben. Unser guter Wille war da, aber wir hatten vielleicht nicht den Mut, die Energie oder sonstige Gelegenheit, die Situation so zu gestalten, wie wir es uns gewünscht hätten. Es können also auch mal „Beinahe-Handlungen" oder gute Intentionen in Situationen sein, die wir bei nächster Gelegenheit auch so ausführen werden. Zunächst aber bitte nach realen Beispielen suchen!

Wichtig ist wieder, positiv zu schreiben. Nicht dokumentieren, was alles nicht passierte oder nicht funktionierte, sondern nur wiedergeben was dort den Erfolg ausgemacht hat oder hätte. Dabei bitte immer aus der Ich-Perspektive schreiben. Nicht „man ... ", sondern „ich ... ". Echte Namen oder Daten einsetzen (nicht nur „X" oder „Y")! Bei der Beispielfindung Zeit lassen. Dieses ist ein typisches Thema, wo manchen lange Zeit nichts rechtes einfallen mag, wenn sie engagiert darüber nachgrübeln. Notfalls abbrechen und den Lösungsansatz so stehen lassen. Die Lösung kommt oft spontan bei einer ganz anderen Situation, wenn nämlich der Leistungsdruck des Finden-Müssen weg ist. Dann allerdings schnell aufschreiben, bevor der rote Faden wieder verloren geht. Zunächst gebe ich jetzt ein Beispiel:

Meine **Hauptqualität** ist „**Ehrlich**".

Dann könnte der logische **Beweissatz** aus meinem Leben folgendermaßen aussehen: Mein Freund Y fragte mich euphorisch nach meiner Meinung zu seinem neuen, teuren Auto, welches ihm sehr viel bedeutet. Ich sagte ihm direkt, dass ich mich sehr für ihn freue, aber dass mich persönlich dieses Modell überhaupt nicht reizt und ich eine andere Farbe genommen hätte.
Fazit: Es war die unbequemere Art der Mitteilung, aber ich habe gesagt, was ich wirklich denke. Ich habe so meinem guten Freund keine Rolle vorgespielt, nur damit er ein schnelles – falsches – Gefühl der Bestätigung hat, meine wahre Meinung aber eventuell nie hört. Ich war als Freund einfach nur ehrlich!

Alles klar? Die folgenden Beispiele werden weniger ausführlich und dienen nur als Halteschnur, an der wir uns wie auf einem Gebirgspfad entlang hangeln können. Die eigentliche Kombinationsleistung sollen wir ja selbst erbringen. Also, jetzt ihr:

Meine eher **emotionalen Haupt-Qualitäten** haben sich konkret an folgenden Beispielen aus meinem Leben gezeigt, die meine Feststellung verdeutlichen und beweisen:

Qualität 1):
Beispiel:

Qualität 2):
Beispiel:

Qualität 3):
Beispiel:

Zweites Beispiel: Meine **Hauptqualität** ist **„Selbstständig".**

Der **Beweissatz** könnte so aussehen: Ich fing einen neuen Job bei Firma X an. Ich erhielt nur eine kurze Einweisung am Arbeitsplatz und wurde dann alleine gelassen. Nach kurzer Überlegung ging ich auf verschiedene Kollegen und Vorgesetzte zu und fragte mich solange durch, bis ich den genauen Arbeitsablauf sowie den Zugang zu den relevanten Daten für meine Positionsbeschreibung verstanden, bzw. die Ansprechpartner erfahren hatte und anfangen konnte, sinnvoll zu arbeiten.
Fazit: Ich habe dort nicht gewartet, bis Dinge an mich herangetragen wurden (oder nicht), sondern habe sofort den Prozess aktiv in die Hände genommen. Ich weiß mir zu helfen, warte nicht auf fremde Hilfe, bin selbstständig und gleichzeitig unabhängiger, freier! Jetzt wieder Ihr:

Meine eher **rationalen Haupt-Qualitäten** haben sich konkret an folgenden Beispielen aus meinem Leben gezeigt, die meine Feststellung verdeutlichen und beweisen:

Qualität 1):
Beispiel:

Qualität 2):
Beispiel:

Qualität 3):
Beispiel:

Drittes Beispiel: **Haupt-Bedürfnis: „Vertrauen".**

Beweissatz: Ich habe letztes Jahr Single-Urlaub in X gebucht um einmal, unabhängig von anderen, Zeit für mich zu haben. Mein Partner ist dagegen, vertraut mir nicht, will mich davon abbringen, will lieber mit mir zusammen sein. Ich bin enttäuscht, weil mein Partner mehr an seine Interessen denkt, mich nicht unterstützt, mir misstraut.

Fazit: Ich brauche das Vertrauen meines Partners um mich wohl zu fühlen. Jetzt wieder Ihr:

Meine **Haupt-Bedürfnisse** haben sich konkret an folgenden Beispielen aus meinem Leben gezeigt, die meine Feststellung verdeutlichen und beweisen:

Bedürfnis 1):
Beispiel:

Bedürfnis 2):
Beispiel:

Bedürfnis 3):
Beispiel:

Noch einmal sei erwähnt, dass es keine großartigen, herausragenden Ereignisse gewesen sein müssen, die wir als Beweissätze anführen. Das ist zwar möglich, wahrscheinlicher ist aber, dass wir eher vermeintlich unwichtige Situationen unseres Lebens heranziehen können, wie auch in den Beispielen geschehen. Entscheidend ist, das wir den logischen Schluss ziehen, der uns Erkenntnis über Ursache und Wirkung verschafft. Wir wollen nicht nur die Symptome (die Anzeichen) feststellen, sondern vielmehr an ihre Wurzeln gelangen : „Warum ist das eigentlich so, dass ich ... gerne bin, ... besonders brauche oder ... gut kann?“. Je genauer wir an die Ursachen dessen kommen, was uns gut tut und „wie wir gut tun“, desto besser können wir planen, dorthin zu gelangen, wo wir hin wollen und desto größer ist die Chance auch wirklich dort zu landen!

Ähnlich geht es bei den folgenden drei Themen darum Was, Warum und Wie wir etwas gerne machen oder machen würden? Ausgehend von einem Oberbegriff tasten wir uns immer näher an genau das Tätigkeitsfeld heran, welches uns wirklich gefällt oder von dem wir glauben, dass es uns gefallen würde, auch wenn wir hier noch keine realen Erlebnisse hatten, sondern uns vielleicht bisher nur gedanklich damit beschäftigt haben). Wenn wir also noch keine praktischen Erfahrungen mit dem was wir intuitiv („gefühlsmäßig“) für erstrebenswert halten, haben, so bemühen wir eben unsere Phantasie ein bisschen mehr. Wir versuchen, uns eine Situation in der wir sein wollen, vorzustellen. Wir sind einfach „verträumt“ und sehen etwas vor unserem geistigen Auge ablaufen! Denn Träume sind die Seele unseres Erfolges!

Wohlan denn, „Funktionäre aufs Land“ (sagte Mao Tse Tung), hinaus auf die Tätigkeitsfelder! Wir konzentrieren uns jetzt auf das, was wir können und mögen oder gerne können wollen. Tief gehen, wie gehabt!

Beispiel: „Kleidung".

Beweissatz: Kinderkleidung > exklusive Kinderkleidung > exklusive Kinderkleidung entwerfen > exklusive Kinderkleidung im Stil X und Qualität Y entwerfen.

Fazit: Ich möchte am liebsten Kleidung im Stil X und Qualität Y meiner Vorstellungen für Kinder entwerfen damit diese sich darin wohlfühlen können. Weil ich Kinder mag und weil genau das meinem Verständnis attraktiver Kleidung für meine bevorzugte Zielgruppe entspricht. Ihr:

Meine **Haupt-Interessen an Dingen oder Materialien** haben sich konkret an folgenden Beispielen aus meinem Leben gezeigt, die meine Feststellung verdeutlichen und beweisen:

Dinge/Materialien 1):
Beispiel:

Dinge/Materialien 2):
Beispiel:

Dinge/Materialien 3):
Beispiel:

Beispiel: „Gutachten".

Beweissatz: Immobilien-Gutachten > Wohn-Immobilien Gutachten > Wohn-Immobilien Wertgutachten prüfen und an realen Wert annähern um Menschen dabei zu unterstützen, eine reelle Wertvorstellung für eine Immobilie zu erhalten.

Fazit: Ich möchte unabhängig und Kundenorientiert für mehr Preisbewusstsein und Zufriedenheit beim Immobilienhandel sorgen um so mit ruhigem Gewissen neben meinem Honorar mehr Lebensqualität zu schaffen.

Meine **Haupt-Interessen bei der Verarbeitung** (Erhalten oder Geben) **von Informationen** haben sich konkret an folgenden Beispielen aus meinem Leben gezeigt, die meine Feststellung verdeutlichen und beweisen:

Informationsart 1):
Beispiel:

Informationsart 2):
Beispiel:

Informationsart 3):
Beispiel:

Beispiel: „Schwache".

Beweissatz: Sozial Schwache > Sozial Schwache Mütter > Alleinerziehende Mütter mit Kind/ern dabei unterstützen, ihr Leben ausgewogen zwischen mütterlicher Fürsorge und Freiheit gestalten zu können.

Fazit: Ich weiß, dass sich alleinerziehende Mütter oft in einem besonderen Dilemma (Zwangslage) befinden, ohne Konzept für einen befriedigenden Kompromiss. Ich möchte bessere Bedingungen für mehr glückliche Mütter und glückliche Kinder fördern und so mehr allgemeine Lebensqualität schaffen.

Meine **Haupt-Interessen an der Arbeit mit Menschen** haben sich konkret an folgenden Beispielen aus meinem Leben gezeigt, die meine Feststellung verdeutlichen und beweisen:

Menschengruppe 1):
Beispiel:

Menschengruppe 2):
Beispiel:

Menschengruppe 3):
Beispiel:

Geschafft? Überprüft Euch noch einmal selbst: Habe ich auch aktiv-positiv geschrieben und nicht negativ (habe/möchte/tat **nicht** …) und Situationen konkret benannt?

Wenn wir jetzt also zu mindestens jeder Haupt-Eigenschaft (#1) einen – zumindest für uns – logischen Beweissatz gefunden haben, dann sind wir einen entscheidenden Schritt in Richtung Selbstbewusstsein und Klarheit über uns selbst weiter gekommen. Das sollte also unsere Mindestleistung gewesen sein. So haben wir konkrete Belege dafür, was unsere besten Eigenschaften ausmacht! Und wer sogar noch für die jeweils zweit- und drittstärkste Eigenschaft (#2 und #3) bestätigende Beweise niedergeschrieben hat, der ist sich noch sicherer in seiner neuen, „alten Haut"!

Auch wenn sich mancher fragen mag: „Was soll das alles?", so sollten wir uns immer wieder klar machen, worum es in diesem Buch geht. Um den „Beruf als Berufung" nämlich. Ein Zustand, der weit über das übliche (Er-) Lebensmaß des „gemeinen Hausmenschen", des täglich in irgendein seelenloses Verwaltungsgebäude stolpernden Bürotrottels oder eines sonstigen stoischen (gleichmütigen) „Arbeitnehmers" in Abhängigkeitsstellung hinaus geht.

Wir wollen hier, wie Forscher bei einer wissenschaftlichen Arbeit, genau herausfinden wo unsere Reise im Leben hingehen muss, damit wir die verbleibende Zeit unseres irdischen Daseins mit all ihren Höhen und Tiefen voll auskosten können und nicht weiter orientierungslos und mediengesteuert durchs Leben „datteln", jede ausgestreckte Hand eines gnädigen Arbeitgebers dankbar entgegen nehmend, um demütig in das nächste Abhängigkeitsverhältnis zu geraten.

Alles, was wir hier über uns herausfinden, macht uns stärker – gleichwertiger gegenüber anderen echten Unternehmern im „Unternehmen Leben" – und „Selbstwert-voller". Denn nur wer sich selbst gut findet, der arbeitet auch gut – und gerne.

12) Meine ersten Schritte zur Erfüllung

Eine schwierige Übung haben wir allerdings noch vor uns. Ich würde sagen sie ist die schwierigste in diesem Buch, außer dem generellen Willen und der Fähigkeit, als ersten Schritt zum Erfolg selbstehrlich zu sein.

Ein gehaltvolles Kapitel, aber weil wir so schön in Fahrt sind, schon so viel über uns herausgefunden haben und uns so langsam dem Kern unseres Wesens nähern, haben wir jetzt noch die Aufgabe, aus den Stofffetzen unserer Qualitäten, Bedürfnisse, Talente und Fähigkeiten einen schönen, bunten Patchwork-Teppich (Flickenteppich) oder „Quilt" mit unserem ganz individuellen Muster zusammen zu schneidern. Das ist mit Aufwand verbunden, aber wenn er fertig ist, hat sich die Mühe gelohnt und wir haben die Basis für ein langfristig befriedigendes Lebensrezept, mit den Zutaten die wir brauchen um unsere besten Eigenschaften zu unserem und zum allgemeinen Wohlbefinden arbeiten zu lassen.

Das heißt nicht, das sich alles andere automatisiert, aber die Zielrichtung wird klar sein. Wir streifen also unsere neuen „Qualitäten-Schuhe" über, um die ersten echten Schritte zu machen. Dabei müssen wir wieder einige Regeln beachten, damit wir nicht ausrutschen und auf die Nase fallen oder unsere neuen Schuhe gleich falsch einlaufen. Wir schreiben wieder nach folgender Methode:

- Eindeutig und aktiv: **ich** tue ... (nicht: „man"),
- In der Gegenwart: **Jetzt!** (nicht: „irgendwann")
- Nur **positive** Begriffe verwenden (nicht: „will nicht ... "),
- Aktive Wörter benutzen: schaffe ... , entwickle ... , genieße ... , gestalte ... , erarbeite ... , kreiere ... , gründe ... , stelle ... her, bereite ... ,
- Wir lassen Anfang und Ende unserer „Geschichte" offen,
- Wir vermeiden Einschränkungen durch Firmen- oder Markennamen, Zeitlimits, Jahreszahlen, Orte etc.,
- Wir schreiben zu jedem Thema mindestens einen ersten Schritt auf!
- Können wir mehrere Schritte benennen, desto besser für uns!
- Wir nehmen uns zuerst das „interessiert mich am meisten" – Feld aus den Gebieten: Dinge/Materialien, Informationen oder Menschen, vor.
- Schön, wenn wir zu den beiden anderen Feldern auch einen Schritt finden – zur Gegenprobe oder als „Reserverad". Muss aber nicht sein.
- Wir reduzieren unsere „Geschichte" in einem zweiten Schritt so weit wie möglich, ohne dass das wesentliche daraus verloren geht, damit der Inhalt noch klarer wird. „Vereinfache!" ist die Losung („Simplify!...Your Life"), denn in der Kürze liegt nicht nur die Würze, sondern auch oft die Klarheit.
- **Wir machen diese Aufgabe vollständig, also bis zu einem rundum befriedigenden Ergebnis – denn das ist der Handlungsrahmen für unseren zukünftigen Erfolg und unsere langfristige Zufriedenheit im Leben!**

Da uns ja schon klar ist, welcher der drei Bereiche Dinge/Materialien, Informationen oder Menschen, uns am meisten liegt, nehmen wir uns am besten unsere Zusammenfassung von Seite 68 sowie separates Papier zum Aufschreiben zur Hand oder setzen uns gleich vor einen PC um uns selbst jetzt noch zwei weitere Fragen zu dem, was wir bisher schon über uns herausgefunden haben, zu beantworten. Wer dabei ein klares Berufsbild oder gar eine eindeutige Position finden sollte, okay. Das ist aber überhaupt nicht Voraussetzung. Denn es geht darum, ein Tätigkeitsfeld zu beschreiben, auf dem wir uns vorstellen könnten, unser Talent und unsere Fähigkeiten zufriedenstellend einzubringen.

Das heißt nicht, dass es dazu bereits eine etablierte Berufsbezeichnung geben muss! Wir können auch Berufe „erfinden"! Denkt nur mal an Berufsbezeichnungen, die noch relativ jung und vielleicht erst in den letzten zwanzig Jahren erfunden worden sind. Ich nenne hier nur einmal „Umweltschützer", „Webmaster" oder „Change Manager". Ich spreche von Berufsbezeichnungen, die aus persönlichen Überzeugungen, technischen oder sozialen Entwicklungen heraus entstanden sind.

Menschen hatten Gedanken, Gefühle und Ideen zu bestimmten Themen und Situationen, die sie beschäftigten und entwickelten daraus zunächst imaginäre Tätigkeitsfelder, auf denen sie gerne aktiv werden wollten, um ihre guten Ideen dazu umzusetzen, um ihre Talente auszuleben. So entsteht Veränderung, so findet Entwicklung statt!

Vielleicht haben wir ja schon Lösungen für das Leben, die nur darauf warten, dass einer uns die Chance zur Verwirklichung gibt – „right time, right place" sozusagen. Vielleicht stimmte bisher ja auch bloß das Verhältnis Chance zu Risiko noch nicht um uns zu Raketen der Weltgeschichte werden zu lassen? Die Chance ist immer da, wo das Bewusstsein dafür da ist – egal unter welchen Bedingungen!

Unsere Frage lautet also zunächst: Auf welche Position in dem Gebiet, welches mich am meisten interessiert, könnten meine Haupt-Qualitäten, Talente und Fähigkeiten hinweisen und welche Bedürfnisse sollten idealer Weise dabei erfüllt werden, damit ich erfolgreich arbeiten kann? Wo wäre ich aus meiner ganz persönlichen Perspektive heraus inhaltlich die Idealbesetzung und hätte dabei noch richtig Spaß? Was traue ich mir bestenfalls zu? Danach suchen wir!

Und wir denken dabei auch daran, welche Rolle wir gerne einmal einnehmen wollen, wenn wir genügend Erfahrung oder Einfluss haben, oder aus welchen Gründen auch immer die Zeit reif für uns sein sollte, diese Position zu bekleiden.

Ich denke im Jahre 2004 zum Beispiel an den damaligen deutschen Bundeskanzler, Gerhard Schröder, dem ja auch nachgesagt wird, er habe schon lange vor seiner jetzigen Position nachts an der Tür des Kanzleramts gerüttelt und Einlass verlangt. Sein Ziel war klar. Jahre später hat er es erreicht und er hält sich mit Sicherheit für die Idealbesetzung – ein wesentlicher Aspekt für sein Selbstwertgefühl! Den Rest zeigt die Zeit.

Eure Frage an euch selbst lautet also auch: „Auf welches Ziel würde ich gerne hin arbeiten?“. Dabei gilt: Positiv denken! „Think B I G!“.

Die Kernfragen, auf die wir eine Antwort finden wollen, lauten:

1) Ich kenne jetzt meine Hauptqualitäten und Bedürfnisse sowie das Gebiet, welches mich am meisten interessiert. Welchen Zustand muss ich mit diesem Wissen anstreben, um langfristig in meinem Sinne erfolgreich und glücklich zu sein um damit meinen Lebenszweck zu erfüllen?

2) Was könnte aus meiner jetzigen Perspektive mein erster konkreter Schritt sein, um mich diesem vorher grundsätzlich beschriebenen Zustand anzunähern?

Dazu nehmen wir uns zunächst unsere einzelnen Qualitäten, Bedürfnisse, Talente und Fähigkeiten vor und führen die Einzelergebnisse dann zu einem Aussagekomplex in Form eines kleinen Aufsatzes (unsere „Geschichte") zusammen. Zunächst geben wir uns Antworten zu Teilbereichen, sonst wird es leicht zu komplex, wir gehen Schritt für Schritt vor. Erst beschreiben wir generell einen Zustand, eine dauerhafte Lebenssituation, die wir uns schaffen wollen und dann nennen wir ganz konkret einen ersten Schritt, den wir dazu in unserem Leben machen müssen um ein Stück weiter in Richtung dieses gerade selbst gesetzten Zieles zu gelangen. Also los:

1) Um meine **Haupt-Qualitäten** intensiv für mein individuelles Lebensglück, meine Zufriedenheit zu nutzen, muss ich folgendes tun:

Beschreibung: (jeweils auf Extrablatt!)
Mein erster Schritt dazu ...

2) Um (dabei) meine **Haupt-Bedürfnisse** zu erfüllen, muss ich folgendes tun:

Beschreibung:
Mein erster Schritt dazu ... (Auswahl: a), b) oder c))

3a) Um mit **Dingen oder Materialien** zu arbeiten wie ich es am liebsten mag, muss ich folgendes tun:

Beschreibung ...
1. Schritt dazu ...

3b) Um mit **Informationen** zu arbeiten wie ich es am liebsten mag, muss ich folgendes tun:

Beschreibung ...
1. Schritt dazu ...

3c) Um mit **Menschen** so zu arbeiten wie ich es am liebsten mag, muss ich folgendes tun:

Beschreibung ...
1. Schritt dazu ...

Ich gebe hier nicht für jeden einzelnen Schritt ein Beispiel, weil Ihr sehr gut eigene kreative Lösungen finden und Situationen beschreiben könnt die erfüllt sein müssen, um Eure individuellen Qualitäten und Bedürfnisse deutlich zu machen. Aber ich gebe ein Beispiel, zu welcher Art Ergebnis die Antworten hinführen können, denn Ihr sollt in einem zweiten Schritt die einzelnen Aussagen zu einer klaren und eindeutigen Gesamtaussage zusammenfassen, die alle Einzelpunkte berücksichtigen oder beinhalten. Ich habe zum Beispiel 1994, ich war Geschäftsführer in einem exklusiven Unternehmen der Einrichtungsbranche, im Rahmen meiner aus innerer Unzufriedenheit entwickelten Selbstfindung (ich spürte, mir fehlte irgendetwas) folgende „Geschichte" aus meinen Erkenntnissen zu den einzelnen Patchwork- Teilbereichen zunächst aufwendig „zusammengestrickt" und dann sinnvoll gekürzt:

„Ich schaffe mir jetzt eine selbständige, kreative, verantwortungsvolle, kontaktreiche und zugleich lehrende und bildende, öffentliche, liebevolle, führende und menschliche Tätigkeit, die ich in einer Mischung aus Lernen, Sprechen und

Schreiben genieße und die mir soviel Geld einbringt wie ich benötige – und etwas mehr."
Mit diesem, aus Einzelteilen zusammengeschneiderten, Aufsatz hatte ich zum ersten Mal in meinem Leben aktiv und detailliert formuliert wie mein Tätigkeitsfeld geschaffen sein müsste um dauerhaft glücklich zu sein, ohne mich dabei einzuengen. Ich hatte jetzt ein klares Bild vor mir und wusste, wonach ich suchen musste!

Zur Information: Ich war bis dahin über zehn Jahre in Vertriebs- oder Management-Tätigkeiten für verschiedene Unternehmen und Branchen des Handels oder der Produktion tätig!

Ich beschloss: Alle meine beruflichen Ambitionen sollten sich zukünftig daran orientieren, ob Elemente dieser Erkenntnis in den entsprechenden Positionen enthalten sein würden. Jetzt brauchte ich nur noch einen ersten Schritt. Ich ging dabei ganz naiv vor und sagte mir, dass ich bei den mir bekannten Quellen an denen ich sonst die Situation auf dem Arbeitsmarkt studierte, einfach nicht mehr die „alten" Rubriken anschaue, sondern andere, die diesem Ideal eher entsprechen würden – egal wo. Oder, wenn ich alte anschaue, dann unter den neuen Gesichtspunkten, wie bereits oben beschrieben. So machte ich letztendlich meinen ersten Schritt in eine neue Bewusstseinssphäre außerhalb meiner bisherigen Welt des Denkens in kaufmännischen Kategorien. Ich schrieb auf:

„Erster Schritt dazu: Ich konzentriere meine Energie auf Tätigkeiten im Bereich Lernen, Lehren und Schreiben und versuche, mehr Praxis in diesem Bereich zu bekommen. Dazu informiere ich mich, welche bereits bekannten Berufsbilder es dort gibt und bewerbe mich gleichfalls auf alle Ausschreibungen oder Stellenanzeigen in dem entsprechenden Tätigkeitsfeld, die mir sinnvoll erscheinen, um dort Erfahrungen zu sammeln."

Das war's! Einfach mal die Welt von einem Standpunkt zehn Zentimeter neben meiner bisherigen Sichtweise des Lebens, „mein Vater war Kaufmann, mein Großvater war Kaufmann ... " aus betrachtet. Einfach mal „Ja" statt „Ja, aber" gesagt!

Ich war echt erleichtert und hatte das Gefühl, reichlich Ballast abgeworfen zu haben der mir vorher so nicht bewusst gewesen war. So wurde ich 1996 zunächst Vertriebsleiter in einem Verlag (Lesen und Lernen), arbeitete dann für ein Unternehmen, welches Ferienhäuser in Dänemark vermietet (Menschlichkeit und Kontakt), anschließend noch als Redakteur für eine bekannte Persönlichkeiten-Enzyklopädie (Sprechen und Schreiben) und hatte 1999 meinen ersten Job als Dozent für eine Institution der Jugendbildung.

Zunächst als Aushilfe, später als „fester freier Mitarbeiter", bei einem großen deutschen Bildungsträger (öffentlich, führend, lehrend, bildend und menschlich).

Dort hatte ich mich auf eine Anzeige „Suchen Betriebswirtschafts-Studenten als Dozenten für ... " beworben. Ich entsprach dem dort gesuchten Bewerberprofil eigentlich überhaupt nicht, außer in dem Punkt, dass ich mich für die Aus- und Weiterbildung von Jugendlichen und jungen Erwachsenen interessierte. Meine Bewerbung hatte ich schon abgeschrieben, da bekam ich einen Anruf im Auto von der Leiterin der Jugendbildungsabteilung mit der Einladung zum Vorstellungsgespräch. Ausschlaggebend dafür, dass ich genommen wurde, waren letztlich meine umfassenden Praxiskenntnisse aus verschiedenen Branchen und Unternehmen. Damit hatte ich meinen „normalen" Kollegen natürlich einiges voraus.

Ich war also plötzlich offiziell Dozent und Lehrer. Ein Wunsch, den ich eigentlich schon mit vierzehn hatte, dann aber verwarf, weil das Bild, welches ich von Lehrern die ich kannte und deren Alltag, hatte, damals auf Dauer keinen besonderen Reiz für mich darstellte. Die Vorstellung, über Jahre hinweg fünf Tage die Woche in das Lehrerzimmer unseres Gymnasiums zu latschen und dort mit anderen Beamten mein Pausenbrot aus der Plastikkiste zu essen, war mir zu doof. Ich suchte nach einer anderen Art von Lehrer, hatte als Vierzehnjähriger jedoch null Plan, wie der aussehen sollte und war auch zu verliebt in mein sonstiges Leben, um an eine Berufung zu denken. Meine Berufung damals hieß eher: „Klassenkasper“, worin allerdings vom heutigen Standpunkt aus betrachtet auch schon die Intention lag, anderen Freude zu bereiten.

Im Rahmen meiner neuen Erkenntnisse beschäftigte und beschäftige ich mich auch heute weiter aktiv und bewusst mit meinen Interessen und gewinne durch meine verschiedenen Tätigkeiten auch ständig neue, noch klarere Perspektiven zu meiner speziellen Berufung, meinem persönlichen „Purpose of Life“, meinem Lebenszweck. Das was ich mir 1994 schriftlich erträumt hatte, ist in Teilbereichen eingetreten und durch das Leben in verschiedenen neuen Situationen bin ich mir heute sicherer, klarer und auch anspruchsvoller in dem, was ich vom Leben will und was mein Leben von mir will.

Ich besserte Ende 1999 noch einmal schriftlich nach und sehe mich seitdem zufrieden zuhause, vom „home-office“ aus, arbeiten. Eindeutig kristallisierten sich weiter speziell das Schreiben und Sprechen heraus und mir ist klar, dass ich auch international tätig sein will, um langfristig glücklich zu sein. Mich fasziniert das Thema Mensch, Persönlichkeit und Umwelt immer mehr und ich entwickle mich weiter zum kompetenten Experten auf diesem Feld, indem ich alle möglichen Veranstaltungen und Erkenntnisse zum Thema in mich „hineinstopfe“. Dabei spüre ich gleichfalls immer deutlicher, welche Freude es mir bereitet, zu lernen und ich stelle glücklich fest, welch großes kostenfreies Wissensangebot es überall gibt – wenn man es nur wahrnehmen will. Herrlich!

Ich ermutige Euch also erneut, zunächst die herausgearbeiteten Einzel-Komponenten zu beleuchten und dann irgendwie alles „unter einen Hut“ zu bringen (der Aufsatz), auch wenn es zunächst etwas holprig formuliert ist. Dann kommt der Feinschliff und – ganz wichtig – zwingt Euch, einen ersten Schritt dazu aufzuschreiben, den Ihr in Richtung Erfüllung tun müsst – zumindest bei der Zusammenfassung! Wenn bei der

Kürzung und Glättung Blockaden auftreten sollten, ruhig mal einen Tag oder ein paar Stunden Abstand nehmen. Das kann die Augen öffnen.

Fertigstellen ist die Devise, damit Ihr ein Grundmodell habt! Alle weiteren Überlegungen und Handlungen entwickeln sich dann automatisch im Rahmen Eurer Erkenntnisse. Und wer nach dieser Übung glaubt, ihm fehlt es immer noch an Gründen und Inhalten, der mag auch damit Recht haben. In den folgenden beiden Kapiteln gibt es daher reichlich weitere Möglichkeiten, sich über persönliche Standpunkte und Richtungen eindeutig klar zu werden.

13) Meine Vorstellung von Leistung und Risiko

In diesem Kapitel interessiert nur, was wir selbst (von uns) glauben. Alleine und in einer Atmosphäre der Ruhe, eines hohen Bewusstseinsgrades und einer optimistischen Grundhaltung.

Im Reservat des Selbstfindungsbuches „Beruf als Berufung" haben wir nun Gelegenheit, echte eigene Meinungen und Standpunkte zu zwei entscheidenden Fragen zu entwickeln die ganz wesentlich unser Handeln bestimmen: Leistungswille und Risikobereitschaft!

Unsere Antworten darauf machen uns ein scharfes Profil unserer Persönlichkeit sichtbar, welches uns klare Entscheidungen und sichere Handlungen für unser persönliches Lebensglück treffen lässt. Hier sind große Gedanken und Träume gefragt und alles weitere erlaubt, sofern es selbstehrlich und damit grundsätzlich realisierbar ist. Zweifel aus Misserfolgen der Vergangenheit oder Ängste um unseren Erfolg in der Zukunft bringen uns hier nicht weiter.

Seid spontan und von Herzen in Eurem Urteil, seid hier und jetzt. Es gibt niemanden, der noch nie einen Fehler gemacht hat und keinen, der nicht mal glaubte, irgendein ganz spezielles Problem zu haben dass nur sie oder ihn betrifft. Bis sie sich umhörten und feststellten, dass niemand allein mit seinem Problem ist und dass alle Probleme ähnliche Ursachen haben die gelöst werden können.

Wichtig ist, die Schritte zu Leistung, Risiko und im nächsten Kapitel auch zur generellen Lebensphilosophie, in vollem Selbstvertrauen und Selbstrespekt zu machen:

- Egal wie oft wir schon „auf die Schnauze gefallen" sind
- Egal wie oft andere uns gesagt haben, wie dämlich wir sind
- egal was andere generell von uns als Mensch denken
- egal wie populär oder unpopulär unsere Einstellung dazu ist

Wer zu Depressionen neigt oder sich speziell bei Fragen zu einer allgemeinen Lebensphilosophie schwer tut, tiefgreifend und positiv zu denken, der möchte sich vielleicht vorher ein bisschen aufmunternde Musik „reinziehen" und sich dabei gleichzeitig im Übersetzen von Texten üben?

Meine Empfehlung: „I am what I am!" von Gloria Gaynor, „My Way" von Frank Sinatra oder „This is my Life" von Shirley Bassey. Diese Titel wirken bei mir spontane Wunder, reißen den Grauschleier von der Seele, lassen mich größere Gedanken denken – auch bei Dauerregen! Aber ich weiß, es gibt in jeder Musik-Generation immer wiederkehrende „Mutmacher", heute vielleicht sogar mehr denn je! Sucht Euch die Interpreten und Songs aus, die Euch Mut machen und von denen ihr sagen könnt: „Ja, die haben an sich geglaubt, sind sich treu geblieben und haben ihren Weg gemacht – auch wenn er nicht immer schnurgerade und eben war. Was Die oder Der singt, das kann ich nachempfinden, das könnte auch für mich gelten!"

Also, scharf nachdenken und sich selbst beweisen, dass wir eigentlich schon Antworten auf alle Fragen unseres Lebens haben. Wir müssen nicht immer bei anderen nach Bestätigung oder Rechtfertigung suchen für das, was wir tun oder tun wollen – oder auch nicht. Wir müssen nur mit uns selbst im Reinen sein und unser Handeln an wenigen allgemein gültigen Grundsätzen orientieren!

Die Antworten bitte mindestens stichwortartig aufschreiben! Kernfrage bei allen Betrachtungen auf die wir eine Antwort finden wollen ist immer das „Warum?". Zeit nehmen, tief gehen! Wir checken uns jetzt mal durch:

Was verstehe ich unter: „Eine gute Leistung“ erbringen?

Welche **Befriedigung** erwarte ich von guten **eigenen** Leistungen?

Aus welchem **Grund** ärgere ich mich über eine nicht erbrachte **eigene** Leistung?

Wie **reagiere** ich, wenn **ich nicht** die Leistung erbringe, die andere von mir erwarten?

Wie reagiere ich, wenn **andere nicht** die Leistung erbringen, die ich von ihnen erwarte?

Welche Leistungen erwarten **meine Eltern** von mir?

Welche Leistungen erwarte ich von **meinen Kindern**?

Was war die **größte** Leistung in meinem Leben?

Welche Art Leistung würde ich **nach meinem Tode** gerne gewürdigt sehen?

Ist mir die Würdigung von Leistung nach dem Tod **generell wichtig?**

Wir haben uns hiermit beantwortet, was wir als Leistung empfinden, unter welchen Umständen wir bereit sind, Leistungen zu erbringen und welche Art Leistungen generell bedeutsam für uns sind. Wir haben einen Teil unserer Wertewelt definiert. Damit ist der Weg frei, anzufangen, diesen Leistungsrahmen auch zu erbringen. Weil die Motive klar geworden sind. Waren wir selbstehrlich, sollten auch die dazu notwendigen Aktivitäten grundsätzlich klar sein.

Dazu fragen wir uns jetzt allerdings noch, welche Risiken wir aus heutiger Sicht bereit wären, im Rahmen unseres Leistungswillens einzugehen:

Was verstehe ich unter: „Ein Risiko eingehen“?

Unter welchen **Bedingungen** würde ich ein Risiko eingehen?

Was macht für mich den **Reiz** am Risiko aus?

Wie reagiere ich, wenn **andere** Risikobereitschaft von mir erwarten zu der ich nicht bereit bin?

Wie reagiere ich, wenn **andere nicht** zu einem Risiko bereit sind das ich von ihnen erwarte?

Welche Risikobereitschaft erwarten **meine Eltern** von mir?

Welche Risikobereitschaft erwarte ich von **meinen Kindern?**

In welcher Situation habe ich die **größte** Risikobereitschaft bewiesen?

Würde ich Beweise meiner Risikobereitschaft **nach meinem Tod** gerne gewürdigt sehen?

Ist mir die Würdigung von Risikobereitschaft nach dem Tod **generell wichtig?**

Zugegeben, die Beantwortung dieser zwanzig ähnlichen Fragen mag manchen von uns zunächst abschrecken. Aber hier handelt es sich um essentielle Positionen unseres Lebens und unserer Persönlichkeit. Finden wir Antworten auf diese Fragen, können wir mehr Genuss aus unserem Leben schöpfen, weil wir einfach wieder ein Stück klarer im Kopf geworden sind und somit zukünftig auch klarer und eindeutiger in unseren Entscheidungen und Handlungen sein werden. Wir haben uns nicht einseitig festgelegt, sondern wir haben mit den Antworten zu unserem persönlichen Leistungs- und Risikoempfinden ein weiteres Mittel in unser Bewusstsein geholt, mit dem wir jetzt zielgerichtet arbeiten können. So haben wir Energien frei für die Umsetzung unserer Überzeugungen und Lebensinhalte. Das macht uns gleichfalls unabhängiger und resistenter gegen äußere Einflüsse. Das spart weitere Energie die sich in Zweifeln verschwendete und gibt uns mehr Zeit für Gelassenheit, eigene Aktivitäten und Lebensfreude.

Aber, wir geben uns damit noch nicht ganz zufrieden. Jetzt haben wir einmal angefangen und jetzt schieben wir noch ein paar wesentliche Fragen nach, die unsere Persönlichkeit auch noch von ein paar weiteren, kritischen Perspektiven beleuchtet. Wir stellen uns alle bedeutenden Fragen die wir schon im Unterbewusstsein mit uns herumgetragen haben und die irgendwann sowieso auf uns zukommen werden, jetzt selbst. Dann haben wir nämlich bereits eine Antwort darauf und können in diesen speziellen Situationen bestimmter handeln.

Andererseits wird uns die Beantwortung einiger der folgenden Fragen ein Bewusstsein vermitteln, welches unserem zukünftigen Handeln direkt eine Richtung aufzeigt. Je mehr wir uns mit den gewonnenen Erkenntnissen beschäftigen, desto sicherer und desto klarer werden wir sein, nach Innen und nach Außen.

Nochmals: damit haben wir dem Großteil der Menschheit wesentliches voraus. Es ist die Fähigkeit nicht nur „Nein" zu unerwünschtem zu sagen, sondern Zukunft und Gegenwart kreativ mit zu gestalten.

Unser Glaube an Etwas ist die Grundvoraussetzung zum Erreichen unserer Ziele. Was der Geist denken kann, das kann er auch erreichen! Unzählige Erfindungen und Entwicklungen sind die besten Beispiele dafür.

14) Meine Lebensphilosophie in Stichworten

Jetzt widmen wir uns noch der Beantwortung einiger essentieller Fragen zu dem, was wir von Gegebenheiten halten und was wir vom Leben erwarten. Lest Euch die Fragen genau durch, denkt kurz darüber nach und schreibt Eure spontanen Antworten stichwortartig dazu! Bei einigen Fragen mögt Ihr Euch unsicher sein, ob Ihr sie richtig verstanden habt. Schreibt die Antwort auf, die Euch als erstes dazu in den Sinn kommt. Es ist die richtige Antwort!

Realität: Was ist der **Unterschied** zwischen Realität und Wahrheit?

Ursachen: **Warum** passieren Ereignisse, wie sie passieren?

Auswahl: **Wie** treffe ich Entscheidungen und wie wirken sie sich aus?

Vorbild/er: Wie würde ich gerne sein?
Wer sind **meine Idole**?

Prinzipien: Was sind meine Glaubens-Grundsätze? **Wofür** stehe ich?

Ego: Was erwarte und halte ich von mir **selbst?**

Sicherheit: Mit wieviel **Sicherheit** kann ich im Leben rechnen?

Erfolg: Was ist **meiner Meinung nach** Erfolg?

Opfer: Was ist ein **Opfer?**
Wofür würde ich etwas opfern?

Werte: Was macht mein Leben langfristig **wertvoll**?

Glück: Was bedeutet „Glücklich sein" **für mich?**

Verantwortung:
Wer ist für **mein Lebensglück** verantwortlich?

Glaube: Woran glaube ich **ganz fest?**

Hoffnung: Welche Bedeutung hat Hoffnung **für mich**?

Liebe: Was **ist** Liebe?
Was bedeutet sie **mir?** Wie zeige **ich** sie?

Höchste Instanz:
Glaube ich an irgendeinen Gott?
Wie ist mein „Gott"?

Erde: Was ist das **größte** Problem unserer Erde (der Welt)?

Humanität: Was ist eigentlich die besondere **Qualität** des Menschen?

Verhalten: Wie müssen **wir** uns im Interesse eines friedlichen Zusammenlebens verhalten?

Gemeinschaft:
Wie müssen wir miteinander umgehen, damit Gemeinschaft **Erfüllung** ist?

Ziele: Was könnte ein gemeinsames Ziel **aller** Menschen sein?

Nutzen: Wie könnte **ich** zum Erreichen des Ziels beitragen?

Inhalte: Was sollte ich mit meinen Begabungen **idealerweise** machen?

Tod: Wie ist mein Verhältnis zum **Tod?**

Sinn: Der Sinn meines Lebens besteht **darin** ...

Was war das? Noch mehr Fragen, noch mehr Erkenntnisse! Ich weiß, Euch „raucht die Birne", doch wir haben hier wieder mal spielerisch gleich mehrere Bodenanker für ein festes Fundament eingeschlagen. So viele Menschen es gibt, so viele richtige Lösungen gibt es. Aber in einigen Punkten müssen sie immer grundsätzlich übereinstimmen. Sonst funktioniert die Welt nicht dauerhaft.

Je mehr Menschen aber diese Erkenntnis entwickeln und kommunizieren, desto schneller könnte sich die Situation aller Menschen auf der Erde verbessern. Bis hierhin habt Ihr:

- Euer individuelles Leistungs- und Risikoempfinden zur Entwicklung einer echten eigenen Arbeitsphilosophie ermittelt und niedergeschrieben
- Euch individuelle Basiswerte für eine langfristig beständige Lebensphilosophie in einer Welt der immer schneller wechselnden „Wahrheiten" ins Bewusstsein gerufen und manifestiert,
- Dabei gleichzeitig allgemeingültige Basiswerte für ein friedliches Miteinander definiert, (denkt an den kategorischen Imperativ von Kant)
- Aus Unsicherheit durch Orientierungslosigkeit, Sicherheit und Stärke durch Definition von Werten und Zielen entwickelt
- Eigene Blockaden und Vermeidungsstrategien identifiziert, analysiert und gegebenenfalls beseitigt
- Einen Lösungsorientierten Ansatz geschaffen: Was kann **ich** gutes dazu tun, was sollte ich tun und was will ich selbst tun?

Das ist ein weiterer wichtiger Schritt auf dem Weg weg von breit propagierten, mediengesteuerten und konsumorientierten Werten der davon profitierenden Produzenten. Mit ihrer Botschaft: „Konsum = Glück!" an die ziellos umherwabernde Masse passiver Mitläufer im Korsett ihrer Abhängigkeiten.

Eine eigene „Denke“ und ein eigenes Profil zu entwickeln, selbst „Trendsetter“ zu sein, anstatt „Trendfollower“ und willenloser Konsument, das ist der Sinn dieser konzentrierten Folge von Übungen und Selbst-Hinterfragungen. Genau wie beim Führerschein. Auch dort macht uns erst die Routine sicher im täglichen Verkehr.

Manch einer macht die hier gewonnenen Erkenntnisse erst nach vielen Sitzungen bei Psychologen oder anderen Beratern, die oftmals auch nur als kostspieliger Katalysator zur Bereinigung unserer eigenen Befangenheit und den damit verbundenen Denkblockaden dienen.

Wir haben unsere Qualitäten, unsere Bedürfnisse, unsere Talente und Fähigkeiten benannt. Wir haben uns daraus ein klares Profil mit einem anzustrebenden Tätigkeitsfeld zugeschrieben. Dann haben wir das ganze noch einmal gewissenhaft überprüft und weiter nach einer ganzheitlichen Philosophie für uns persönlich geforscht: „Wenn wir das alles, was wir dort über uns herausgefunden eigentlich schon leisten können – und wahrscheinlich besonders gut leisten können – wenn die Rahmenbedingungen auch noch stimmen. Was könnten wir uns dann, darüber hinaus, noch vorstellen zu leisten oder zu erreichen? Welches sind unsere Kriterien dafür und in welche Richtung sollte sich die Welt vielleicht entwickeln, damit wir und andere, nachfolgende Generationen wirklich von Fortschritt im Sinne aller Menschen sprechen können?“. Alle diese Fragen haben wir jetzt ansatzweise geklärt und die Zeit wird uns noch mehr Gelegenheit geben, darüber nachzudenken, entsprechend zu handeln, auszuprobieren und sicherer zu werden.

Im folgenden Kapitel setzen wir unsere erarbeiteten geistigen Grundlagen nun in konkrete, auf unser ganz persönliches Leben abgestimmte Ziele um. Gleichzeitig erstellen wir einen Lebensplan, nach dem dieses Programm im Idealfall ablaufen soll.

Mancher mag das als übertrieben und „künstlich" empfinden. Aber: Wer kein Ziel hat, wird auch nie bewusst ein Ziel erreichen können und wer nicht mindestens einen groben Zeitrahmen dafür einplant, in dem diese Ziele erreicht werden sollen, der wird sich eventuell ewig mit vagen Vorstellungen und diffusen Aussichten die nie verwirklicht werden, durch die Realität eines jeden perspektivlosen Tages schleppen. Das sind genau die visionslosen Phantasten, die wir alle kennen. Menschen, die ewig nur negativ reden, weil sie kein Handlungskonzept haben. Traurige Gestalten!

Für uns heißt es trotzdem nicht, dass wir unseren einmal aufgestellten Plan minutiös und ohne Rücksicht auf Verluste einhalten müssen, egal was kommt. Das wäre im Einzelfall sogar fatal. Wichtig ist, einen Handlungsrahmen zu einem Zeitpunkt X zu haben, umgehend unser Ziel anzusteuern. Den Plan passen wir dazu im Laufe unserer Aktivitäten den gegebenen Realitäten an – je nachdem, was wie passiert. Wir wollen hier ja auch keinen komplizierten Plan erstellen, der alle denkbaren Eventualitäten recherchiert, uns womöglich in unserer Kreativität einschränkt und in unserem Handeln behindert. Das wäre genau das, weswegen sich, meiner Ansicht nach, zum Beispiel in Deutschland so wenig bewegt.

Es geht hier primär um einen Handlungsrahmen, mit einem Zeitanspruch an uns selbst, ein Leitfaden. Wir werden jetzt zum Ultrakurz-Effektivplaner. Glückauf!

15) Meine Lebensziele und mein Lebensplan

Es ist nicht genug, zu wissen, man muss auch anwenden.
Es ist nicht genug, zu wollen, man muss auch tun.
(Goethe)

Eigentlich habe ich bewusst auf die Verwendung von Zitaten verzichtet, aber Goethe passt hier gerade mal wieder hervorragend. Es ist ja alles irgendwie schon mal gesagt worden und die Aufgabe von Menschen wie mir besteht vielfach auch darin, uraltes Wissen immer wieder modern aufzubereiten und neu zu kommunizieren. Also noch einmal zum besseren Einprägen: Um meine Ziele zu erreichen, muss ich meine Ziele kennen. Dabei weiß ich, meine Ziele können sich jederzeit ändern. Ich muss mich jetzt nicht auf Lebenszeit festlegen. Wer aber keine Ziele hat, kann auch bewusst keine erreichen und wird so leicht zum Instrument der Ziele anderer. Das beste Beispiel dafür ist der typische, mediengesteuerte Konsument, der sich in seinem Handeln von den gerade am intensivsten beworbenen „Trends" leiten lässt und sich bestenfalls noch wundert, dass alle anderen an ihm verdienen.

Wir definieren daher jetzt, anhand von acht Bereichen unseres Lebens, aktiv persönliche Ziele, die wir in einem überschaubaren Zeitrahmen erreichen wollen. Es geht darum, uns vorzustellen und niederzuschreiben, welchen Zustand wir zu einem benannten Zeitpunkt anstreben: Was wollen wir zu einem bestimmten Zeitpunkt erreicht haben? Dabei schreiben wir wieder aktiv und positiv, in der Gegenwart. Wir sehen uns in der jeweiligen Situation – jetzt!

Zunächst aber möchte ich noch kurz die Begriffe zu den acht Lebensbereichen etwas näher erklären:

- Arbeit: Was wollen wir in unserem Arbeitsleben, in unserem Beruf oder auch bezüglich unserer Berufung erreicht haben?

- Freizeit: Wie sehen wir uns unsere Freizeit gestalten, welchen Hobbys oder sonstigen Interessen wollen wir nachgehen?

- Partnerschaft: Wie soll unsere direkte Lebens-Partnerschaft formal, aber speziell auch inhaltlich aussehen, die wir mit einem anderen Menschen erleben wollen?

- Familie/Freunde: Wie wollen wir unser Verhältnis zu unseren Eltern, Geschwistern, Kindern, weiteren Verwandten und Freunden gestalten?

- Zuhause: Wie wünschen wir uns unser Zuhause – die Umgebung in der wir leben wollen. Wie soll es dort aussehen, wie und wo wollen wir unser Zuhause gestalten?

- Körper: In welchem Zustand wollen wir unseren Körper erhalten und pflegen, was erwarten wir körperlich von uns?

- Geist: Welches Wissen, welche geistigen Qualitäten wollen wir entwickeln, was wollen wir wie und wo lernen?

- Seele: Welchen Zustand wollen wir geistig-spirituell (also über das Faktenwissen hinaus) erreichen und wollen wir eine individuelle Glaubensbeziehung eingehen? Wie soll diese sich gestalten und an was wollen wir glauben?

Genau diese Fragen beantworten wir uns in den nächsten sechs Tabellen. In der ersten Tabelle machen wir zunächst einmal eine Bestandsaufnahme dessen, welchen Zustand wir zum heutigen Zeitpunkt auf diesen Gebieten erreicht haben.

Wohin haben wir uns in den benannten Punkten bis heute entwickelt?

Wir versuchen zunächst eine Position einzunehmen bei der wir uns, wie ein wohlmeinender Freund der uns gut kennt, einfach nur von einer übersichtlichen Stelle aus in unserem momentanen Leben und Wirken beobachten und ein paar Notizen über unseren Ist-Zustand in diesen acht Lebensbereichen machen. Die Ergebnisse tragen wir, möglichst in gestalteten Sätzen, in die Tabelle 1) ein.

Dann folgen die Tabellen 2) und 3) nach dem gleichen Schema, genau in der Reihenfolge, wie vorgegeben. Das ist wichtig! Nur, dass wir einmal zurückschauen: „Was war da?“, so haben wir schon einen Vergleich mit unserer Vergangenheit und einmal in die Zukunft: „Was soll da sein?“. Dabei bitte unten jeweils Euer entsprechendes Alter und das genaue Datum des benannten Zeitpunkts in alle Tabellen eintragen, damit ihr genau diesen benannten Zeitpunkt als Zielvorgabe konkret vor Euch habt und später auch euren Erfolg daran überprüfen könnt: „Was ist passiert?“.

Die Tabellen 4) bis 6) werden natürlich auch mit genauen Daten und nach dem vorgegebenen Schema ausgefüllt, aber hier gilt die Prämisse: „Was muss ich bis zu dem von mir hier benannten Datum und Alter geschafft oder erfüllt haben, damit ich auch wirklich den in Tabelle 3) angestrebten Zustand zum entsprechenden Zeitpunkt erreichen kann?“.

Nehmt Euch für diese Tabellen ausreichend Raum und Zeit, aber füllt sie möglichst in einem Arbeitsgang aus, damit Ihr konzentriert und nahe am Thema bleibt. Beschreibt das wesentliche aus den acht Bereichen, an dem Ihr Euer Lebensglück bemessen wollt!

1) Bestandsaufnahme:
Zum jetzigen Zeitpunkt (heute) befinde ich mich auf diesen acht Gebieten meines Lebens in folgender Situation:

Arbeit:

Freizeit:

Partnerschaft:

Freunde/Familie:

Zuhause:

Körper:

Geist:

Seele:

Mein Alter heute: ______________________

das genaue Datum: ______________________

2) Rückblick:
Vor 12 Monaten befand ich mich auf diesen acht Gebieten meines Lebens in folgender Situation:

Arbeit:

Freizeit:

Partnerschaft:

Freunde/Familie:

Zuhause:

Körper:

Geist:

Seele:

Mein Alter vor 12 Monaten: ______________________

das genaue Datum: ______________________

3) Langfristiger Plan:
In 12 Jahren will ich auf den acht Gebieten meines Lebens folgenden Zustand erreicht haben:

Arbeit:

Freizeit:

Partnerschaft:

Freunde/Familie:

Zuhause:

Körper:

Geist:

Seele:

Mein Alter in 12 Jahren: ____________________

das genaue Datum: ____________________

4) Mittelfristiger Plan:
In 12 Monaten will ich auf den acht Gebieten meines Lebens folgenden Zustand erreicht haben:

Arbeit:

Freizeit:

Partnerschaft:

Freunde/Familie:

Zuhause:

Körper:

Geist:

Seele:

Mein Alter in 12 Monaten: ______________________

das genaue Datum: ______________________

5) Kurzfristiger Plan:
In 12 Wochen will ich auf den acht Gebieten meines Lebens folgenden Zustand erreicht haben:

Arbeit:

Freizeit:

Partnerschaft:

Freunde/Familie:

Zuhause:

Körper:

Geist:

Seele:

Mein Alter in 12 Wochen: ______________________

das genaue Datum: ______________________

6) Sofort-Plan:
In 12 Tagen will ich auf den acht Gebieten folgenden Zustand erreicht haben:

Arbeit:

Freizeit:

Partnerschaft:

Freunde/Familie:

Zuhause:

Körper:

Geist:

Seele:

Mein Alter in 12 Tagen: ______________________

das genaue Datum: ______________________

Für unsere erfolgreiche Lebensplanung machen wir also erst einmal eine Bestandsaufnahme, eine Inventur zum heutigen Stichtag. Dann blicken wir zurück, wie sich unsere Situation eigentlich in den letzten zwölf Monaten verändert hat, um ein besseres Gefühl für die möglichen Veränderungen in der Zeitspanne eines Jahres zu bekommen, weil wir anschließend ja auch noch in die Zukunft denken wollen und dann schon mal einen Anhaltspunkt dafür haben, was in einem Jahr alles möglich ist!

Vielleicht haben wir ja bereits eine effektive Lebensplanung betrieben und uns wunschgemäß weiterentwickelt? Dann ist es gut, uns das einmal klar vor Augen zu führen und wir können an dieser Stelle wahrscheinlich auch gleich weitere Ziele benennen, die wir noch erreichen wollen. Vielleicht hat sich unsere Situation aber auch durch Ziellosigkeit und Demotivation verschlechtert? Dann wird es höchste Zeit darüber nachzudenken, wie wir diesen Zustand verändern können!

Wir haben als drittes unseren gewünschten Zustand, den wir in zwölf Jahren erreichen wollen, aufgeschrieben. Das erfordert schon ein bedeutendes Maß an Konzentration und Vorstellungskraft, aber es ist ganz wichtig, dass wir uns dieser Vision einmal hingeben. Um sie auch wirklich annähernd zu erreichen, müssen wir wahrscheinlich kurzfristig, also zum Beispiel in zwölf Tagen (ganz Entschlossene handeln in den nächsten zwölf Stunden!) darauf abgestimmte Aktivitäten ergreifen und Weichen stellen um auch wirklich planmäßig auf unser Ziel zuzusteuern.

Wenn wir das tun, müssen sich nach zwölf Wochen, also nach einem Vierteljahr, schon erste Ergebnisse zeigen. Genau diese tragen wir in die entsprechende Tabelle ein. Und wenn sich nach zwölf Wochen unsere Situation entsprechend unserem Handeln geändert hat, dann werden wir in dem vierfachen Zeitraum, also in einem Jahr eine noch weitere Entwicklung aus unseren Aktivitäten erfahren! Die Bearbeitung erfolgte bei Euch jedoch rückwärts, weil es erfahrungsgemäß einfacher ist, die weiter entfernten Schritte zuerst zu visualisieren und zu planen. Dann erfolgt die kurzfristige Planung der benötigten Zwischenstationen.

Insgesamt geht es darum, abzuwägen, was wir uns in den benannten Zeiträumen abverlangen wollen, beziehungsweise, was wir glauben, bis wann tun zu müssen, um unser langfristiges Ziel erreichen zu können. Die genauen Daten und unser entsprechendes Alter zu den Zeitpunkten helfen dabei unserer Vorstellungskraft auf die Sprünge. Das ist der rote Faden, an dem wir uns entlang hangeln können. Wir machen unsere Lebensplanung damit zu unserer ganz eigenen Sache – zur Chefsache!

Was und wie viel wir von unserer Planung nachher umsetzen, wie gut wir als Chef, als Manager unseres eigenen Lebens in der Praxis sind, hängt im wesentlichen von uns ab. Von unserer Selbstdisziplin, der Qualität unserer Handlungen, unserer Beständigkeit und natürlich auch von den Erfahrungen, die wir auf diesem Weg machen. Mit diesen sorgfältig recherchierten Tabellen halten die meisten von uns aber wahrscheinlich zum ersten Male einen umfassenden Plan in der Hand, wo ihre Reise hingehen kann und wie sie sich gestalten soll.

Viele reden von der „Rente" oder ihrem „Lebensabend", aber die meisten haben doch nicht die geringste Vorstellung davon, wie sich dieser Abschnitt konkret inhaltlich gestalten soll, beziehungsweise welche Anstrengungen sie selbst dazu unternehmen können und wollen, dass sie ihn auch wirklich entsprechend erleben. Außerdem muss die Zeitspanne davor ja auch nicht unbedingt nur qualvoll oder demütig wartend dahingelebt werden.

Natürlich spielt Glück auch immer eine bedeutende Rolle dabei, aber ich neige zunehmend zu der Einstellung, dass das Glück dem positiv denkenden eher hold ist …

16) Meine neue Visitenkarte: „Wer ich wirklich bin“

Nachdem wir nun also gründliche Lebensplanung betrieben haben, sollten wir uns abschließend ein neues „Testimony“, eine neue Visitenkarte ausstellen, die in Kürze beschreibt, wer wir sind und was wir wollen – zumindest nach unserem heutigen Erkenntnisstand. Wir haben viel über uns und den Sinn unseres Lebens nachgedacht und können jetzt leicht ein paar Auszüge aus unseren neu gewonnenen Erkenntnissen zusammenfassen.

Ich gehe davon aus, dass jeder der dieses Buch bis hierher gewissenhaft durchgearbeitet hat, es freiwillig und aus eigenem Antrieb tat. Egal, in welcher Phase Eures Lebens ihr Euch befindet, war der Auslöser eventuell reine Neugier, das Interesse an der Überprüfung der eigenen Situation oder hauptsächlich wohl auch der Wille nach Veränderung. Die Gründe dafür sind natürlich vielfältig, haben aber oft etwas mit einer mehr oder weniger bewusst empfundenen Unzufriedenheit, zumindest in Teilbereichen unseres Lebens, zu tun.

Glücklicherweise unterliegen wir in diesem Buch ja nicht dem Zwang, uns aus konkreten Berufsbildern oder Berufsbezeichnungen eins auswählen zu müssen um uns dann irgendwo darum zu bewerben (um das geringste Übel?). Sondern wir haben hier ja ganz konkrete, eigene Wünsche formuliert, die unserem Leben Sinn und Inhalt geben um insgesamt eine ausgeglichene Zufriedenheit zu erfahren. Genau diese Wünsche fassen wir in unserer neuen Visitenkarte zusammen. Natürlich nicht um sie jedem unter die Nase zu halten und zu sagen: „Guck mal, das bin ich mit meinen Wünschen und Vorstellungen. Bin ich nicht toll?“, sondern einfach als Hinweis und Herausforderung an uns selbst. Als Notiz am Kühlschrank oder Badezimmerspiegel oder als Lesezeichen in dem Buch, welches wir gerade lesen. Sozusagen unser Einkaufszettel für das, was wir uns bei nächster Gelegenheit besorgen!

Am besten fangt Ihr damit an, die nächste Seite auf DIN A 4 Format hoch zu kopieren oder einfach neu als Formular im Computer zu erstellen. Dann macht Ihr ein aktuelles Foto von Euch, mit dem besten Smiley-Gesicht welches Ihr je einem Fotoapparat entgegen gehalten habt und klebt es oben auf „Foto von mir“. Als nächstes kreisen wir spontan die drei Lebensbereiche aus der Auswahl auf Seite 146 ein und schreiben sie in die dafür vorgesehenen Felder, in denen wir glauben, momentan die größte Erfüllung zu erfahren oder „am besten drauf“ zu sein. Beispiel: Wie fühle ich mich zur Zeit bezüglich meiner „Akzeptanzfähigkeit“ heißt: „Wie zufrieden bin ich bezüglich meiner Akzeptanzfähigkeit mit meiner jetzigen Situation (wie gut kann ich generell Gegebenheiten akzeptieren)?“, und so weiter. Bitte genau auf die Bedeutung der Begriffe achten:

Akzeptanzfähigkeit; Ehrlichkeit; Entspannung; Flexibilität

Freizeit; Hoffnung; Innerer Friede; Integrität; Intelligenz; Intimität; Karriere-Befriedigung; Karriere-Status; Kommunikationsfähigkeit; Kreativität; Körpergewicht; Lebensfreude; Lebensplan; Lebensziel; Partnerschaft; Physische Aktivität; Physische Erscheinung; Selbstrespekt; Selbstverständnis; Selbstvertrauen; Sexuelle Qualität; Sexuelle Quantität; Spiritualität (Glaube); Spontaneität; Verantwortlichkeit; Verhältnis zu Eltern; Verhältnis zu Freunden; Verhältnis zu Geschwistern; Verhältnis zu Kindern; Verhältnis zu mir selbst; Wohnsituation.

Dann nehmen wir uns noch die vier anderen Gebiete dort vor und als letztes schreiben wir einen ersten Schritt auf, den wir tun müssen, um auch wirklich Erfüllung erfahren zu können. Eigentlich haben wir alle diese Fragen ja schon beantwortet. Das hier ist nur Lernkontrolle, Merkzettel und Training in etwas anderer Form!

Foto

Ich heiße: ____________________

Mein Alter: ____________________

In diesen drei Lebensbereichen erfahre ich momentan die **größte Erfüllung**:

1) ______________ 2) ______________ 3) ______________

Mein bevorzugtes Tätigkeitsfeld:
(hier beschreibe ich das Gebiet, auf dem ich jetzt aktiv werde)

____

____

____

Meine angestrebte Position:
(hier beschreibe ich die Position, die ich dabei ausfüllen möchte)

____

____

____

Meine bevorzugte Zielgruppe:
(hier beschreibe ich die Zielgruppe, an die ich mich wende)

____

____

____

Mein Traumziel:
(hier beschreibe ich das Ziel, welches ich generell erreichen möchte)

____

____

____

Mein erster Schritt zur Erfüllung:
(hier benenne ich den ersten Schritt, den ich dazu tun muss)

____

____

____

Ort und heutiges Datum:

____

Ihr erinnert Euch vielleicht, dass Ihr auf Seite 29 dieses Buches bereits eine ähnliche „Testimony"-Visitenkarte erstellt habt. Vergleicht sie doch einfach mal mit dem, was jetzt hier steht! Da wird es inhaltlich einige Veränderungen und vielfach deutlich mehr Klarheit und Identität geben.

Diese neue Visitenkarte kann natürlich auch hervorragend zur späteren Überprüfung dienen: „Was habe ich mir damals eigentlich vorgenommen und was davon habe ich erreicht?". Es handelt sich ja um eine Momentaufnahme mit den Erkenntnissen aus unserer Beschäftigung mit uns selbst zum heutigen Zeitpunkt. Die Erfolgskontrolle nach einem frei gewählten Zeitraum wird uns dann zeigen, wie erfolgreich unser Konzept war, wie realitätsnah wir damals geplant haben und mit wie viel Selbstdisziplin wir unseren Lebensplan und unsere Lebensziele in der Zwischenzeit verfolgt haben.

So bekommen wir durch die dann entstandenen Ergebnisse (vergleiche mit Deiner Tabelle „Bestandsaufnahme" auf Seite 108) indirekt gleich einige Gründe mitgeliefert, warum sich angestrebter Erfolg eingestellt oder auch nicht eingestellt hat, wie nahe wir am Plan dran sind oder wann und warum wir ihn vielleicht verlassen haben. In jedem Fall werden wir feststellen, dass die Gründe dafür überwiegend von unserem Verhalten und unseren Aktivitäten abhängig sind.

Im folgenden Kapitel werde ich noch einmal detailliert auf alle möglichen Perspektiven und zu beachtenden Aspekte Eures weiteren Weges im Sinne des „Beruf als Berufung" eingehen. Wie sich dieser Weg gestalten kann und worauf Ihr achten solltet, damit Ihr wirklich Eure angestrebte Position im Leben, Euren Lebenszweck, den „Purpose of Life" findet und ausleben könnt.

17) Der Weg ist das Ziel: Vom Beruf zur Berufung

Obwohl dieses Buch ja gerade keiner der typischen Bewerbungsratgeber sein will, die darauf abgestimmt sind frustrierten Jobsuchenden glorreiche Tipps zu geben, wie sie sich am besten so verstellen, dass sie auch bestimmt durch irgendeine entgegengestreckte Hand in eine Position gebracht werden in die sie nicht passen, um dann irgendwann frustriert das Handtuch zu werfen oder sich noch weiter von sich selbst zu entfernen, als sie schon sind, will ich hier trotzdem verschiedene Situationen kommentieren mit denen wir auf dem Weg zu unserer persönlichen Berufung durchaus konfrontiert werden können, über die wir uns aber oftmals zu wenig Gedanken machen, weil wir uns ihrer Auswirkungen einfach nicht bewusst sind. Bei den meisten Menschen führt der Weg ohnehin über viele Bewerbungen, mehrere Unternehmen und Berufe, schneller oder langsamer zum eigentlichen Ziel persönlicher Berufung.

Eigentlich ist die Kette der Situationen immer nach folgendem Muster gestrickt: Wir bewerben uns, wir führen Berufe aus und mit Glück und Chance landen wir irgendwann einmal bei einem Beruf und einer Position, die wir gut „ausfüllen“ können und die mit noch mehr Glück unserer Berufung nahe kommt. Sicher ist das allerdings keinesfalls und die meisten Menschen, die nicht aktiv an ihrem diesbezüglichen Schicksal mitwirken, üben eben ihr Leben lang "nur" eine Tätigkeit aus und erleben etwas wie „Berufung“ bestenfalls außerhalb ihres ausgeübten Berufes – bei einem Hobby oder irgendeiner sonstigen außerberuflichen Aktivität – oftmals auch erst nach Beendigung ihres eigentlichen Berufslebens, im „Ruhestand“, wenn die besten Kräfte erschöpft sind. Es geht aber durchaus auch anders und so sollten wir bei vermeintlich banalen Situationen von vorne herein bewusst und vorsorgend in unserem Sinne handeln!

Grundsätzlich haben wir mit unserem hier erarbeiteten Wissen immer einen entscheidenden Vorteil vor der Masse der konventionell „Arbeitsuchenden“. Wir wissen genau wo wir hin wollen, also ist das Feld auf dem wir suchen können einerseits wesentlich größer, weil jeder bewusst gewählte Job ein wertvoller Teil unseres persönlichen Weges dorthin ist und wir auch weniger perfekte Jobs besser „ertragen“ können. Andererseits suchen wir gezielter, denn wir gehen selbst „an den Markt“, wir suchen uns die Partner, die wir auf unserem Weg zur Berufung für angemessen halten, mit aus!

Gleichzeitig muss uns bei allen unseren Aktivitäten klar sein, dass es keine Patentrezepte gibt. Bewerbung ist immer ein Glückspiel!

Sind wir dann zu einem Bewerbungsgespräch eingeladen, entscheiden – auf beiden Seiten – oft die ersten Sekunden der Begegnung darüber, ob wir zusammenpassen, oder nicht. Auch, wenn wir das nicht immer sofort merken oder wahrhaben wollen. Natürlich können wir uns in alle möglichen Situationen hineindenken, Kompromisse schließen, Abstriche machen, Situationen „hinbiegen“, Notlösungen finden oder das kleinere Übel wählen. Das geht Arbeitgebern genauso wie Arbeitnehmern. Wir können das Glück jedoch nicht zwingen! Die Motive „Pro“ und „Contra“ sind so vielfältig wie die Menschen selbst. Denken wir nur an unsere privaten Erfahrungen mit Menschen, die wir kennen lernen oder mit denen wir gerne zusammen sein möchten.

Sind wir uns dieser Tatsachen bewusst, können wir uns entspannter in jedes Bewerbungsabenteuer stürzen, egal wie dringend wir gerade einen Job brauchen um vielleicht nur unseren aktuellen, „existenziellen“ Lebensbedarf zu finanzieren. Wir können uns natürlich Vorab- Informationen über ein Unternehmen oder einzelne Menschen besorgen, Stichworte notieren und unsere sämtlichen NLP-Kenntnisse anwenden, um zum Beispiel besser auf unsere Gesprächspartner eingehen zu können. Eine Garantie für Erfolg oder Wohlwollen haben wir damit allerdings noch keineswegs. Gerade das Verwenden von inoffiziellen oder sonstigen vertraulichen Vorab- Informationen über Andere kann genau das Gegenteil des von uns gewünschten Effekts bewirken. Das beste Rezept für Bewerbungsgespräche ist daher authentisch, also offen und ehrlich, so wie wir sind (bestenfalls mit dem kleinen „Touch" Maske im Rahmen unseres individuellen Interesses an der Situation) in ein Gespräch zu gehen und einfach zu hören, was unser Gesprächspartner von uns will. „Zuhören" ist die Devise, wie ein Psychotherapeut beim Patienten. Das Preisgeben von Informationen erfolgt dosiert, nach Bedarf und auf Anfrage der Gegenseite.

Bewerbungen sind Werbung in eigener Sache ...

... und unsere Bewerbungsunterlagen sind für Außenstehende meistens der erste Eindruck unserer Arbeitsweise. Es lohnt sich daher sie übersichtlich, also lesefreundlich im Sinne des „Konsumenten" zu gestalten. Ein Merkmal guter Print-Werbung ist die einfache Lesbarkeit. Korrekte Rechtschreibung ist aber in jedem Fall ein Muss! Je nach Branche können dann individuelle Gestaltungsmerkmale hinzukommen. Grundsätzlich gilt: Je kreativer die Branche, desto kreativer kann das Bewerbungs-Design sein. Dazu gehört natürlich auch ein guter Drucker, sofern die Bewerbung nicht per e-mail erfolgt.

Wichtig in diesem Zusammenhang ist für uns ebenfalls: Wer ist der Entscheider? Das ist der Adressat unserer Bewerbung! Den Entscheider oder zumindest die Abteilung in der die Entscheidung über unsere Bewerbung gefällt wird, können wir in den meisten Unternehmen einfach telefonisch erfragen. Wichtig wird diese Frage, wenn es zu Aussagen des Unternehmens zu einer Zusammenarbeit kommt. Spätestens dann entscheidet sich, wer wirklich etwas zu sagen hat. Also keine voreiligen Schlüsse aus Aussagen Einzelner ziehen, bis eine offizielle Stellungnahme, möglichst schriftlich, vorliegt!

Weniger ist mehr ...

... daher reicht eine Seite als Bewerbungsschreiben aus, es sei denn, es ist eine umfangreichere Stellungnahme gewünscht! Wir gehen dabei kurz auf das Stellenangebot ein und stellen unsere entsprechenden Qualitäten in positiver Schreibweise dar (ich bin qualifiziert, weil ich ... kann). Bei der so genannten „Initiativbewerbung" liefern wir das Stellenangebot gleich mit. Wir schildern dem Unternehmen, welche Leistung wir ihm anbieten wollen – egal ob eine Position ausgeschrieben wurde oder nicht. Hier wird das Bild des „Unternehmers im Unternehmen Leben" ganz klar. Eigentlich ein ganz selbstverständlicher Vorgang für jeden Selbständigen, jemandem ein gutes Angebot zu unterbreiten. Viele Arbeitnehmer kennen diese Situation aber einfach nicht, auch wenn sie täglich für ihren Arbeitgeber Angebote schreiben. Kurze Erklärungen und eine klare Gliederung erleichtern dem Leser das Verständnis unserer Bewerbung. Unseren Wunsch zum Vorstellungsgespräch, also auch zum Vorstellen unserer Idee oder unseres Angebots müssen wir dabei natürlich konkret äußern.

Lebensläufe ...

... sind in diesem Zusammenhang keine Romane, sondern Datenblätter. Letztendlich geht es dem Entscheider darum, genau wie zum Beispiel beim Autokauf, sich schnell ein generelles Bild davon zu machen, welche „Features", welche Extras das „Kaufobjekt" aufweist. Ob dieser Lebenslauf grundsätzlich ins individuelle unternehmerische Interesse oder Selbstverständnis passt und ob er ein „rundes" Bild abgibt, also ob der Lebenslauf so grob nachvollziehbar ist – bevor ich mir die Arbeit mache, die Zeugnisse durchzulesen! Daher maximal zwei Seiten in tabellarischer, chronologisch lückenloser Form (zu Person und Familie, schulischer und beruflicher Werdegang, Praktika, Jobs, Besondere Kenntnisse, Hobbys, Sonstiges).

Monatsgenaue Zeitangaben reichen (z.B. von „01/95 bis 12/97, X ... -bearbeiter/in in der Y ... -Abteilung bei Firma Z ... , Hersteller von W ... “).

Besondere Kenntnisse sind übrigens auch Fähigkeiten, die nicht direkt mit unserem bisherigen Berufsleben zu tun haben müssen. Wie bereits vorher beschrieben, sind es manchmal sogar unsere einzig „echten“ Qualitäten. Also mit hinein nehmen, wenn etwas erwähnenswert ist. Dabei immer positiv schreiben, auch bei individuell als erfolglos beendet empfundenen Tätigkeiten. Nicht: „Studium abgebrochen ... “, sondern „Studium von ... bis ... “! In der Werbung wird auch kein Produkt negativ dargestellt. Für unseren Lebenslauf gilt allerdings: Positiv darstellen, aber keine Lügen! Die Lügen holen uns irgendwann ein – oftmals wenn wir sie bereits vergessen haben.

Ähnlich verhält es sich mit dem immer wieder mit Angst betrachteten Bewerbungsfoto. Natürlich lohnen sich qualitativ gute Fotos, entscheidend ist jedoch der Ausdruck des Typs. „Natürliches“ Make-Up kann hilfreich sein, gutes Licht und ansprechende Kleidung auch. Aber auch diese Attribute sind so subjektiv wie die Betrachter die sich damit beschäftigen! Wir werden es kaum schaffen, allen zu gefallen, aber wir werden immer jemanden finden dem wir gefallen. Den einzigen Rat, den ich dazu geben kann: „Smile ... , and the world smiles with you!“

Zeugnisse ...

... sind wohlwollende Kommentare zu einer vergangenen Beziehung. Meine Empfehlung: Je nach Häufigkeit des Jobwechsels bestenfalls die letzten drei (oder die besten) Zeugnisse in chronologischer Reihenfolge entsprechend dem Lebenslauf anlegen. Sind wir besonders an einer Position interessiert, können wir ja einfach mal das ganze Programm auffahren – sofern es in eine Mappe passt – um Eindruck zu schinden. Dann kommen natürlich auch Kopien wichtiger Auszeichnungen (Kultur, Sport, Seminare, Workshops)hinzu. Ansonsten bei Initiativbewerbungen einfach weglassen. Wir müssen im ersten Schritt niemanden etwas beweisen. Wenn jemand Zeugnisse sehen will, werden wir das früh genug erfahren. Zunächst mal bürgen wir mit unserem guten Namen für die Richtigkeit unserer Angaben im Lebenslauf. Wir müssen nur beweisen, wenn es ausdrücklich gewünscht wird – und natürlich später, wenn wir den Job machen. Daher keine Lügen, nur positive Darstellungen. Wir erinnern uns: Bewerbung ist ein Glückspiel!

Bewerbungsgespräche ...

... sind auch dazu da, damit wir herausfinden können, ob das Unternehmen zu uns passt. Klar, wir sind weit gekommen, wenn es sich um ein Gespräch aufgrund einer Anzeige handelt, auf die wir reagiert haben. Handelt es sich jedoch um eine Initiativbewerbung von uns, bekommt ein Bewerbungsgespräch mehr den Charakter eines normalen Verkaufsgesprächs. Eigentlich ist fast jedes Gespräch unter Menschen die sich neu kennen lernen und über sich und ihre Aktivitäten berichten, ein Bewerbungsgespräch. Denn jeder will natürlich, dass man ihn mag, muss aber auch damit rechnen, dass nicht jeder ihn mag. Das wissen wir aber bestenfalls hinterher. Wir gehen also selbstbewusst, aber nicht großspurig in diese Gespräche und hören genau hin. Was will mein Gesprächspartner von mir? Kann ich das „liefern“? Wir wollen ja das beste verkaufen was wir anzubieten haben – uns. Aber wir müssen es nicht um jeden Preis verkaufen. Wenn das Leben noch besseres für uns bereithält, werden wir es früh genug erfahren. Wir sind hier Unternehmer, die Chancen für eine Geschäftsbeziehung mit einem anderen Unternehmen erörtern.

Kleidung ...

... ist Ausdruck unseres Lebensgefühls und unserer Persönlichkeit. Authentisch sein macht auch hier langfristig glücklich! Grundsätzlich gilt: Die Kleidung dem Anlass anpassen! Nicht als Paradiesvogel antreten, wenn wir sonst eher die Trauerschnepfe sind, nur neutrale Garderobe im Schrank haben und auch bevorzugt tragen. Wenngleich wir uns in diesem Zusammenhang vielleicht einmal die Frage stellen sollten, was unsere Kleidung eigentlich über unsere Lebenseinstellung aussagt.

Gepflegte Kleidung und gepflegter Gesamteindruck gehören zu einer gepflegten Lebensweise im Sinne von Selbstrespekt und Gesundheit. Das heißt nicht „teuer" oder „neu", sondern angenehm für sich und seine Mitmenschen und zweckentsprechend zur jeweiligen Aktivität. Zum gepflegten „Outfit" gehört aber auch eine positive, offene Einstellung, ein ausgeruhter, entspannter Kopf und Körper und gute Manieren in Form von Achtung und Höflichkeit, wie wir sie auch von anderen uns gegenüber erwarten. Wenn wir keine Krawatten oder mausgraue Flanell-Kostüme mit Faltenrock mögen, warum dann tragen? Gesprächspartner „auf gleicher Augenhöhe" respektieren den Stil des anderen. Wenn nicht, warum sollte man zusammenarbeiten? Stress ist vorprogrammiert.

Berufsausbildung (Teenies, aufgepasst!) ...

... ist letztendlich eine Bedienungsanleitung für Industrie, Handwerk oder sonstige Dienstleistungen. Es gibt gute und schlechte Ausbildungen und Ausbilder. Trotzdem liegt es auch an uns, den Auszubildenden, was wir aus einer guten oder aus einer schlechten Ausbildung herausholen. Das gilt unser ganzes Leben lang und wird uns auch bei mancher Weiterbildung immer wieder einholen. Es ist unser gutes Recht und eigentlich auch unsere Pflicht, Vorgänge in Frage zu stellen und beeinflussen zu wollen. Aber, wenn wir etwas verändern wollen, müssen wir erst einmal wissen, wie es funktioniert. Wir sollten eine Ausbildung also als eine Art Grundausbildung für ein Wirtschaftssystem sehen und erst laut meckern, wenn wir genau wissen, wovon wir sprechen. Dann allerdings auch im

Sinne unserer Ziele und Überzeugungen aktiv werden, aber diplomatisch geschickt und mit Respekt. Das bringt uns weiter. Überzeugen ist das Motto, nicht Dampf ablassen.

Strukturell sind die Ausbildungen, egal ob im gewerblichen, kaufmännischen oder technischen Bereich immer sehr ähnlich. Im Detail unterscheiden sie sich und wenn eine Ausbildung inhaltlich okay ist, dann nicht gleich wegen kleinerer Symptome aufgeben, sondern auch mal was durchziehen. Wer nach oben will, muss auch unten kennen! Stark sein und gute Ideen, die sich nicht gleich umsetzen lassen, dokumentieren und mitnehmen! Ihr werdet sie später in anderem Zusammenhang wieder brauchen können.

Berufliche Motivation ...

... wird immer schwieriger, weil immer öfter die Identifikation mit der Arbeit fehlt, da wir so viele Medien-Traumwelten abseits der Realität vorgegaukelt bekommen und häufig nur noch kleinste Teilarbeiten eines komplexen Gesamtprozesses ausführen, den wir nicht immer zu sehen bekommen. Es ist schwer jemanden zu motivieren der nicht will, aber es kann zumindest eine motivierende Atmosphäre geschaffen werden. Eine Aufgabe, die Arbeitgeber und Arbeitnehmer nur zusammen lösen können, auch wenn deren Ziele, oberflächlich betrachtet, oft vollkommen verschieden sind. Gehen wir in die Tiefe, landen wir schnell bei dem Streben nach Glück, Erfüllung und Selbstwertgefühl und stellen viel gemeinsames fest.

Arbeiten wir allerdings „angestellt“ für andere, müssen wir grundsätzlich akzeptieren, dass wir primär zur Erfüllung ihrer Ziele eingestellt wurden und ja auch dafür bezahlt werden. Es gibt nun einmal herausragende Unternehmerpersönlichkeiten, die andere mitziehen und es kann durchaus befriedigend und motivierend sein, an einer guten Sache mitzuarbeiten, ohne der „Boss“ zu sein, sofern man sich gegenseitig respektiert und Freiheiten einräumt. Beide Seiten müssen primär die gemeinsame Sache sehen. Hier sind natürlich gute Vorgesetzte gefragt, die ihre großen Ideen auch bis unten durchkommunizieren. Leider sind diese eher rar gesät! Ein wunderbares, sehr individuell zu betrachtendes Thema für gute Unternehmensberatung, welches mich gleich zum nächsten führt.

Querdenker im Unternehmen ...

... sind wertvolle Mitarbeiter und oft die Quelle für deren langfristiges Überleben! Konstruktive Kritik lohnt sich immer und wenn Unternehmer schlau sind, hören sie ganz genau hin, was im Hause so geplaudert wird. Wenn Kritik angebracht ist oder wir Verbesserungsvorschläge zu einem Thema haben, einfach notieren, wenn wir sie nicht gleich anbringen können. Das kann auch hilfreich sein, um unsere gute Idee offiziell zu sichern, um sie nicht von unserem direkten Vorgesetzten, dem wir sie gerade vertraulich mitgeteilt haben, als „seine" Idee präsentiert bekommen.

Gute Arbeitgeber werden gute Vorschläge immer honorieren, kluge Unternehmen wünschen sich Querdenker – solange sie loyal sind – sogar herzlich, weil sie fast immer Geld bringen. Ich denke dabei gerne an die Hofnarren in früherer Zeit, die oftmals dem Herrscher wichtige Impulse gaben, weil sie die einzigen wahren, die laut und frei denken durften. Ich bezeichne mich bei den Institutionen, die ich berate, auch gerne als Hofnarr – und verhalte mich auch so! Gerade wenn jemand neu in eine Institution kommt, purzeln die Ideen häufig nur so ins Bewusstsein: „Neue Besen kehren gut!" Solange ein Eindruck noch neu ist, sind wir aufmerksam. Im Wiederholungsfall sind wir eventuell schon selbst „betriebsblind". Deshalb lohnt es sich, sofort Notizen zu machen, wenn wir Reibungspunkte sehen. Entweder wir verwenden sie in diesem Unternehmen, oder wir nehmen unsere Ideen mit zum nächsten Arbeitgeber, der aufgeschlossener ist. Oder vielleicht sogar mit in die eigene Firma ... !

Leistung im Beruf …

… ist die Voraussetzung für unseren Seelenfrieden. Wenn wir uns einmal dafür entschieden haben unsere Arbeitskraft einem Unternehmen zur Verfügung zu stellen, welches nicht uns gehört, uns aber unsere Arbeitskraft zuverlässig vergütet, dann sollten wir auch unser bestes geben solange wir dort arbeiten und fair behandelt werden. Jede Firma könnte uns ja theoretisch einmal gehören und wir sind Teil des Unternehmens, solange wir dort arbeiten. Unsere Geisteshaltung tragen wir mit uns herum und wenn wir „innerlich gekündigt", also aus individuellen Gründen mit diesem Unternehmen abgeschlossen haben, dann sollten wir uns auch schnellstens dort verabschieden. Alles andere lässt den Frust immer größer werden und manifestiert sich im ungünstigen Fall als Krankheit in uns oder unseren Beziehungen.

Ethik …

… ist die Sittenlehre einer allgemein gültigen Moral und der Standard an dem wir unser Handeln messen müssen, wenn wir anderen ein gutes Vorbild sein wollen. Wenn der Schritt zur persönlichen Umorientierung in einer speziellen Lebensphase gekommen ist, nicht über die Vergangenheit aufregen. Weder im Dialog mit uns selbst noch mit anderen. Es lohnt sich nicht – Energieverschwendung!

Wenn wir uns einem anderen Unternehmen als Geschäftspartner vorstellen, egal ob als fester oder freier Mitarbeiter, nicht über den bösen Noch- oder Ex-Arbeitgeber herziehen. Bestenfalls die persönlichen, sachlichen Gründe für unsere Umorientierung schildern. Was wollen wir unserem zukünftigen Arbeitgeber denn erzählen? Wie wir über ihn herziehen werden, wenn wir beim nächsten vorsprechen, weil wir schlauer geworden sind? Wie doof die anderen sind, wie schlecht wir uns behandeln ließen oder gar, was wir in Zukunft in unserem Leben noch alles vorhaben?

Nein, wenn die Zeit gekommen ist, finden wir einen besseren Weg, beenden unseren Job in gewohnter Qualität und ohne zu meckern und beschreiten den neuen Weg in freudiger Erwartung und ohne Reue. Was in der Vergangenheit war, ist Geschichte („it's history, baby!"). Wir waren daran beteiligt, wir können es nicht mehr ändern, aber als Erfahrung verbuchen von der wir in der Zukunft profitieren. Es hat uns schlauer und menschlich wertvoller gemacht. Wir haben daraus gelernt und das ist ein erfreulicher Aspekt unseres Lebens.

Berufung ...

... ist das was uns das Leben zuruft, damit wir das beste für uns und das gesamte Universum tun können. Eigentlich ganz naheliegend, sind doch die meisten Menschen weit davon entfernt. Einige Hellhörige erfahren ihre Berufung sehr früh, andere hören die Signale erst später, teilweise erst nach traumatischen Lebenserfahrungen aus falscher Lebensführung heraus.

Jeder Mensch hat seine individuelle Lebensuhr und der Zeitpunkt, seiner Berufung zu folgen, ist immer richtig. Es gibt aber auch Menschen die erfahren ihre Berufung, also das was sie im Leben machen sollten um glücklich zu sein, nie, weil sie ihr entsprechendes Wissen nicht umsetzen wollen. Diese Menschen interessieren uns hier nur deshalb, weil sie uns umgeben, wir mit ihnen leben müssen und sie vielfach das Bild der Erde prägen. Wer sich bereits mit diesem Thema beschäftigt hat, weiß dass unglückliche Menschen unglückliche Entscheidungen treffen – für sich und andere. So entstehen vielfach folgenschwere Situationen, verursacht durch Entscheidungsträger, die zwar Macht aber keine echte Handlungskompetenz haben. Denken wir nur an Politiker, ihre Lebensläufe und Lebensinhalte. Dann wird vieles klar!

Grundsätzlich lohnt es sich daher für jeden von uns zu verstehen zu versuchen, warum die Menschen so sind wie sie sind um sie bestenfalls bei der Suche nach befriedigenden

Lebensinhalten im Rahmen ihrer persönlichen Berufung zu unterstützen, oder sie anderenfalls auch aus entscheidenden Positionen zu entfernen, für die sie einfach nicht geeignet sind und anderen schaden.

Bei einem früheren Workshop an dem ich selbst teilnahm, tauchte einmal die Frage auf, was eigentlich der Unterschied zwischen Intelligenz und Weisheit sei? Die Antwort die der Workshopleiter, ein Indianer, gab (die aber auch jeder andere hätte geben können) erscheint mir bis heute einleuchtend:

„Intelligent sind die, die wissen wie sie leben müssen um glücklich zu sein. Weise sind die, die auch so leben!".

Wenn wir diese Weisheit noch um den moralischen Aspekt des kategorischen Imperativs erweitern der mir sehr wichtig ist. Wir erinnern uns: „Handle so, dass die Maxime Deines Willens jederzeit zugleich als Prinzip einer allgemeinen Gesetzgebung gelten können", dann möchte ich als Definitionsansatz für „Berufung" folgenden Satz anbieten:

„Unsere Berufung erfahren wir wenn wir unsere Talente und Fähigkeiten dazu einsetzen, Glück durch geistiges, körperliches und folglich materielles Wohlsein zu erfahren um dabei gleichfalls göttlich dem Universum zu dienen."

Dabei ist nicht die göttliche Form oder das Ritual eines „Gottes" wichtig, sondern das göttliche Wesen der Liebe, welches in allen bedeutenden Religionen im Kern gleich ist, egal wie sie sich individuell manifestieren und zelebrieren.

Im Endeffekt geht es bei allen darum, diese jeweiligen göttlichen Eigenschaften auch in sich selbst zu finden und dem göttlichen Vorbild entsprechend zu handeln. Das Prinzip des Handelns ist dabei immer an bedingungsloser Liebe („Unconditional Love") orientiert. Liebe Deinen Nächsten wie Dich selbst und lasse dieses Denken auch in Deine Arbeit einfließen. Geben, ohne gleichzeitig auch nehmen zu wollen, beziehungsweise ohne Gegenleistung für unsere Liebe zu erwarten: Respekt und Selbstrespekt – Ganz einfach!

Als ich einmal meinen damals 6-jährigen Sohn auf einer Autofahrt über die Schulter „durch den Rückspiegel“ fragte was er eigentlich mit dem Wort „Gott“ verbindet, sagte er ziemlich spontan: „Liebe! Gott liebt alle Menschen. Ist doch klar!“ Nun, wir sind keine großen Kirchgänger oder auch nur halbwegs Bibelfest. Er liebte auch seinen Religionsunterricht oder den wöchentlichen Gottesdienst im – zugegebener weise kirchlichen – Kindergarten auch nicht gerade besonders und von mir hatte er das so mit Sicherheit noch nicht direkt gehört. Aber das war doch gefühlsmäßig hängen geblieben und ich denke, Kinder auf der ganzen Welt hätten ähnlich geantwortet. Ich konnte die Straße für einen Moment nur noch verschwommen sehen.

18) Zusammenfassung

Wir, die Menschheit, verfügen über alles Wissen oder alles Denkbare im Überfluss, um alles zu erreichen, um vollkommen glücklich zu sein. Nicht bei jedem Einzelnen und nicht immer direkt vor unserer Nase, aber irgendwo gibt es von allem mehr als genug oder zumindest die Möglichkeit, es zu schaffen. Egal ob nur überlebensnotwendige Zutaten, berufliche oder finanzielle Ziele, Partnerschaftsträume, unsere Gesundheit oder unser generelles Lebensglück. Jeder von uns trägt die grundsätzliche Fähigkeit in sich, alles zu erreichen, was wir wirklich erreichen wollen. Von unserer ganz persönlichen Einstellung hängt es ab, mit welcher Lebensqualität wir unser Leben füllen und was wir ab einem bestimmten Zeitpunkt aus unserem Leben machen. Geben wir viel, bekommen wir viel. Nicht alles auf einmal, aber über den ganzen Zyklus unseres Lebens betrachtet. Große Träume und hohe Ziele ermutigen uns zu Taten, die unsere Suche nach befriedigenden Inhalten und unserem ganz individuellen Lebenszweck fördern und entsprechende Resultate nach sich ziehen. Wir bekommen vom Leben was wir von ihm erwarten. Grundvoraussetzung zur Erfüllung unserer Berufung und unseres Lebenszwecks – des Glücklichseins auf unsere Art – ist unsere Selbstehrlichkeit: Was ist wirklich wichtig?

Das Mittel zur Erkenntnis ist die Meditation, das Erlangen einer inneren Stille als individuelle Mischung aus Entspannung und Konzentration, die zu Klarheit und Energiegewinnung führt. Für viele ist sie mit äußerer Stille verbunden, andere können besser unter Belastung meditieren. Der Effekt aufrichtiger Meditation ist ein alternatives, weitgehend neutrales Spiegelbild unserer Lebensumstände aus eigener, innerer Perspektive, welches uns ermöglicht unser alltägliches Denken und Handeln zu überprüfen und gegebenenfalls zu unseren Gunsten zu verändern.

Die ersten Schritte zu einem erfüllten Leben führen über die tiefgreifende Analyse und Beantwortung der folgenden drei Fragen sowie unserem entsprechenden Handeln, sobald wir an einem Punkt angelangt sind der bei der Frage nach dem „Warum" keinen materiellen Grund mehr in den Vordergrund stellt, sondern einen spirituell inhaltlichen:

1) Was will ich wirklich? (Meine Lebensziele).

2) Warum will ich das? (Mein Lebenszweck).

3) Wie komme ich dahin? (Meine Ziel-Strategie).

Dabei ist genau diese Reihenfolge zu beachten, weil viele Menschen nach der Benennung ihrer Lebensziele keine wirksame Strategie haben um dorthin zu gelangen und leicht scheitern, wenn der damit verbundene, individuelle Lebenszweck inhaltlich nicht wirklich ganz klar ist. Zunächst mal wechseln sich also das „Was?" und das „Warum?" stetig ab, bis wir an die Essenz unserer Persönlichkeit gelangt sind. Die Logik kann also nicht enden bei: „Ich will ein dickes Bankkonto, damit mich alle mögen", sondern muss enden bei: „Ich will einen inhaltlichen Zustand X erreichen, damit ich meinen Lebenszweck erfüllen und mich selbst als wertvollen Menschen akzeptieren und lieben kann – egal ob dickes Bankkonto oder nicht. Dieser Zustand X sieht folgendermaßen aus: ..."

Sind Lebensziele und Lebenszweck, also unsere individuelle Position und Bedeutung im Universum erkannt, erarbeiten wir logischerweise eine Strategie, die uns auf direktem Weg in eine entsprechende Position bringt. Dabei ist der endgültig beschrittene Weg, das „Wie", egal, denn unser Streben nach Erfüllung ist unaufhaltsam und kennt keine dauerhafte Frustration, auch wenn die ursprüngliche Strategie nicht erfolgreich sein sollte. Ziel und Zweck sind die Triebfedern unseres Handelns!

Weitere Schritte und Hilfsmittel auf diesem individuellen Weg sind die stetige Manifestation unserer Träume, Gedanken und Visionen sowie die wiederholte Affirmation unserer angestrebten Ziele und Lebensumstände. Habe ich in einem bewusst glücklichen Augenblick ein Lebensziel für mich als richtig erkannt, schreibe ich es nieder. Durch die Manifestation mache ich mir meine Ziele ständig offenbar, um sie in weniger positiven Momenten verfügbar zu haben und um mich in meiner Bewertung und meiner Zielsetzung zu einem späteren Zeitpunkt überprüfen zu können.

Mein Glaube an den guten Zweck bedingt meine Aktivität und meine Aktivität bedingt meinen Erfolg. Ich visualisiere dass und wie ich ein Ziel erreiche um die Erfüllung meines Lebenszwecks zu erfahren.

Um meinen Glauben zusätzlich zu stützen und um meine Aktivitäten zu fördern bestätige ich mich immer wieder mit positiven Worten – mündlich, schriftlich und in der Gegenwart. Ich beschreibe mich im „Jetzt“, bei der Erfüllung meiner visualisierten Lebensinhalte, beim Leben in meinen angestrebten Lebensumständen.

Glaube ich bewusst, so verankere ich meinen Glauben und meine Visionen auch in meinem Unterbewusstsein, überwinde so meine Zweifel und mein Unterbewusstsein unterstützt mich automatisch bei allen weiteren Aktivitäten durch gespeichertes, abrufbares Wissen. Der Glaube bestärkt meine Vision, die Affirmation kräftigt meinen Glauben! Typische Formen konventioneller Affirmation sind übrigens Gebet und Gesang!

Wem das zu konstruiert erscheint oder wem das zu kompliziert ist, der kann ganz einfach und praktisch folgenden Grundsätzen folgen. Der Effekt ist derselbe:

- Konzentriere Dich nicht auf die Probleme, sondern auf die Chancen einer Idee.
- Sieh Dich selbst in einer erfolgreichen Situation im Rahmen dieser Idee.
- Wenn Du selbst an eine Sache glaubst, gibt es auch andere, die daran glauben.
- Glaube nicht an „momentan schwierige Zeiten". Jede Zeit hat Ihre Chancen!
- Denke nicht nur an ein Dir bekanntes Tätigkeitsfeld. Sei phantasievoll und offen.
- Lass Dich nicht von persönlichen Schwächemomenten beeinflussen. Denke an die guten Zeiten und deren Gedanken!
- Sei ausdauernd! Solange Du von einer Sache überzeugt bist, mache unbeirrt weiter bis du erfolgreich bist.
- Nimm Deine Träume und Phantasien ernst, stecke Deine Ziele eher höher als „normal".
- Tue Dinge von ganzem Herzen. Was Du verkörperst, macht Dich erfolgreich und glücklich und zieht auch andere mit.
- Verdiene zuerst Geld, spare einen Teil und lege das Gesparte wertbringend an damit Du, wenn Du wohlhabend bist, das System wohltätig stützen kannst, das Dir gegeben hat.
- Setze eigene Talente in produktive Arbeit um oder finde Dein Talent in einer befriedigenden, vorhandenen Arbeit.
- Schüttele einschränkende Verhaltensweisen und Denkmuster ab und sei ohne Vorurteile gegenüber Unbekanntem.
- Begreife Probleme und Risiken als besondere Chancen zur Persönlichkeitsentwicklung!

- Schaffe Dir positive Erlebnisse ohne Konsumgüter. Versuche einfach nur hier und jetzt zu Sein anstatt Haben zu wollen.
- Sei dankbar für einfache Dinge, denke positiv: „The best things in life are free“ (das Beste im Leben ist umsonst),
- Erweitere Deinen Erfahrungsschatz, für mehr Fülle und Verstehen, mehr Gesundheit und Überfluss auf allen Ebenen Deines Lebens.
- Wenn Du irgendwo hingehst, erwarte nichts aber sei für alles bereit!

Wenn wir uns diese hier in Kurzform zusammengefassten Leitbilder, oder auch nur einen Teil davon, zusammen mit den in diesem Buch erarbeiteten Erkenntnissen über unsere einmalige Persönlichkeit und die damit verbundenen Hinweise, Chancen und Vorteile regelmäßig ins Bewusstsein rufen und wenn wir auch danach handeln, dann werden wir feststellen, dass unser Leben sich entsprechend verändern wird.

In jedem meiner Workshops oder bei Trainingsmaßnahmen erlebe ich, wie Menschen gar nicht erkennen wollen oder zwar erkennen aber aus Bequemlichkeit nicht handeln. Wer nicht handelt, hat verloren!

Aber zum Glück erlebe ich auch, wie Menschen erkennen und handeln. Diese Menschen sind es, die Dinge bewegen und Zustände verändern. Solche Menschen sind es, die ihrem Leben eine, oft aufregende, Wendung ins positive geben, weil sie ihr Leben intensiver gestalten und bewusster auskosten wollen. Weil sie ihr Leben, sich selbst und auch ihre Umwelt lieben und besser verstehen wollen. Weil sie sich verantwortlich fühlen – zumindest für ihr eigenes Leben! Das sind die Charaktere auf die sich meine Energie konzentriert, denn nur sie sind fähig, das wesentliche zu tun, was unserer Erde gerecht wird. Und wenn es nur ein einziger in einem Kurs ist, so ist meine Mission dort bereits erfüllt.

Mit diesem Buch allerdings möchte ich noch mehr Menschen dazu motivieren, das zu machen, woran viele denken, was aber nur die wenigsten tun: Sich selbst zu verbessern um die Welt zu verbessern!

Ich drücke Euch die Daumen, oder, wie mein Kollege Wayne Dyer, so schön sagt: „I give you all green lights!“, „ich gebe Euch allen grünes Licht“, bei Eurem ganz individuellen Weg, wünsche viele wundervolle und spannende Lebensmomente und großen Erfolg beim erlebten „Beruf als Berufung“!

Wer mir zur Dokumentation und Anregung für Andere, Stationen, Erlebnisse und Erfolge seiner neuen Lebensweise mitteilen möchte, der schreibe mir gerne unter:

www.berufalsberufung.de

Ich freue mich darauf und bedanke mich für das Interesse.

Herzlichst Ihr

Alexander Teetz

8. Januar 2010, 18:12 Uhr

20) Mehr Hilfsmittel für mehr Klarheit

Anschließend drei weitere, einfache Hilfsmittel zur Klärung von Beziehungen und zur Erstellung eines persönlichen Budgets zur Finanzplanung:

Personal Relationship Balance
(Persönliche Beziehungsbilanz)

Wenn ich in einer Beziehung (privat oder geschäftlich) nicht zufrieden bin, sollte ich überlegen ob, wie und warum ich diese Beziehung weiterführen will. Dazu stelle ich meine persönliche Bilanz, **PRO** (positive Merkmale) und **CONTRA** (negative Merkmale) dieser Beziehung auf. Dabei kann es sich durchaus auch um eine Beziehung zu mir selbst handeln, zum Beispiel zu einem gesundheitlichen, körperlichen oder geistigen Aspekt.

Überwiegt PRO? Gut! Ich reduziere die negativen Aspekten für eine noch bessere Beziehung. Überwiegt CONTRA? Mal ehrlich! **Wo genau sind die Ursachen?** Warum (unter welchen Voraussetzungen) bin ich die Beziehung eingegangen? Kann ich die Beziehung in überwiegend PRO wandeln? Brauche ich diese (Art) Beziehung überhaupt? **Was will ich genau?** Bevor ich eine Beziehung beende, sollte ich mir über Konsequenzen, eventuelle Alternativen und deren voraussichtliche Entwicklung Gedanken machen!

Persönliche Beziehungsbilanz

Meine Beziehung zu: ______________________________

	PRO (für die Beziehung)	**CONTRA (gegen die Beziehung)**
1		
2		
3		
4		
5		
6		
7		
8		

Personal Budget
(Einnahmen-/Ausgaben-Rechnung)

Hohe Ziele und große Träume sind gut. Um sie mit der Realität in Einklang zu bringen und uns so erfolgreicher zu machen, brauchen die meisten von uns einen klaren Finanzstatus und auch einen klaren Finanzplan, damit wir wissen, wo wir stehen und nicht schon im Ansatz unserer Aktivitäten scheitern, weil wir noch nicht die entsprechenden Rahmenbedingungen geschaffen haben. Im Anschluss finden Sie ein ganz einfaches Schema zur Ermittlung unseres finanziellen Ist- und des Soll- Zustandes, um gegebenenfalls wieder in klare (das heißt mindestens schuldenfreie) finanzielle Verhältnisse zu kommen, um unsere Energie ganz auf unsere weiteren, höheren Ziele konzentrieren zu können.

Personal Budget
(Einnahmen-/Ausgaben-Rechnung)

Berechnungszeitraum: ... ...
(identisch für Einnahmen und Ausgaben!)

EINNAHMEN	**€uro-Netto**	**Mwst.** (%)	**€uro-Brutto**
Nichtselbst. Arbeit			
Selbständige Arbeit			
Urlaubsgeld			
Sonderzahlungen			
Kd.-/Erziehungsgeld			
Staatl. „Beihilfen"			
Sonstige:			
Vermietung (kalt)			
Pension/Rente			
Lebensversicherung			
Sonstige 1)			
Sonstige 2)			
Sonstige 3)			
Kapitalanlagen (Aktien/Fonds etc.)			
Summe Einnahmen IST *			
Minus (-) Summe Ausgaben *			
Differenz (+ oder – ?) Vorzeichen beachten!			
Summe Einnahmen SOLL			

(* Übersteigt die Summe der Ausgaben ständig die IST-Summe der Einnahmen, machen wir Verlust, die Differenz hat ein Minus-Vorzeichen. Unsere SOLL-Einnahmesumme muss sich dann mindestens um den Differenzbetrag erhöhen, sonst sind wir bald zahlungsunfähig. Notfalls müssen wir sofort unsere Ausgaben mindestens auf die Höhe der IST-Einnahmen reduzieren. Alles was nicht lebenswichtig ist oder zum Geld verdienen gebraucht wird, zuerst kürzen!)

Merke: „Aus Konsumverzicht folgt Kapitalbildung!"
(alte Kapitalisten-Weisheit)

AUSGABEN	€uro-Netto	Mwst. (%)	€uro-Brutto
Kaltmiete/Tilgung			
Immobilien-Steuern			
Gas/Heizöl			
Wasser			
Strom			
Müllabfuhr			
Haftpflicht-Versg.			
Sonstige Versg. 1)			
Sonstige Versg. 2)			
Sonstige Versg. 3)			
Fax-/Telefon-Gebühr			
E-Mail-/www-Gebühr			
Kinderbetreuung			
Rundfunkgebühren			
Lebensmittel/Essen			
Kleidung/Textilien			
Hausrat/Einrichtung			
Körperpflege			
Hobbys/Sport/Clubs			
Urlaub/Reisen/Fun			
Bildung/Wissen			
Mobilkommunikation			
Fahrgelder (ÖNV)			
KFZ-Steuern			
KFZ-Versicherung/en			
KFZ-Finanzierung			
KFZ-Instandhaltung			
Lotto/Rauchen/Tiere			
Sparen 1)			
Sparen 2)			
Sparen 3)			
Kredit 1)			
Kredit 2)			
Kredit 3)			
Spenden			
Büromaterial/Porto			
Büroausstattung			
Büromiete/Nebenk.			
Aushilfen/Personal			
Sonstige 1)			
Sonstige 2)			
Sonstige 3)			
Ausgaben **Summe IST ***			

(* übertragen in Spalte „Summe-Ausgaben" der EINNAHME-Tabelle)

Notizen:

Self-Analysis

Momentan erfahre ich in den folgenden Bereichen eine bestimmte **Erfüllung**, die ich auf der folgenden Skala von 0 (keine) bis 10 (sehr viel) **selbstehrlich** (nur für mich) notiere (X):

PUNKTE	0	1	2	3	4	5	6	7	8	9	10
Akzeptanzfähigkeit											
Ehrlichkeit											
Entspannung											
Finanzen											
Flexibilität											
Freiheit											
Freizeit											
Gesundheit											
Hoffnung											
Innerer Friede											
Integrität (Unverletzlichkeit)											
Intelligenz											
Intimität											
Karriere-Befriedigung											
Karriere-Status											
Kommunikationsfähigkeit											
Körpergewicht											
Kreativität											
Lebensfreude											
Lebensplan											
Lebensziel											
Partnerschaft											
Physische Aktivität											
Physische Erscheinung											
Selbstrespekt											
Selbstvertrauen											
Sexuelle Qualität											
Sexuelle Quantität											

Spiritualität (Glaube)											
Spontaneität											
Verantwortlichkeit											
Verhältnis zu Eltern											
Verhältnis zu Freunden											
Verhältnis zu Geschwistern											
Verhältnis zu Kindern											
Verhältnis zu mir selbst											
Wohnung											
Sonstige (mir wichtige):											
Sonstige (mir wichtige):											

(Selbstanalyse „Wie es mir geht")
(Einzelanalyse und Beratung durch den Coach bei Bedarf, nach Absprache!)

Notizen: